Rudolf Gummermann
Außerhalb der Saison

Rudolf Gummermann

Außerhalb der Saison

Kurze Vergnügen
von Männern,
von Frauen,
von Männern und Frauen.

*Bibliografische Information der Deutschen Nationalbibliothek:
Die Deutsche Nationalbibliothek verzeichnet diese Publikation
in der Deutschen Nationalbibliografie; detaillierte bibliografische Daten sind im Internet über http://dnb.dnb.de abrufbar.*

© *2014 Rudolf Gummermann
www.gummermann.de.*

Umschlaggestaltung: Michael Fischer, Regensburg

*Herstellung und Verlag:
BoD – Books on Demand, Norderstedt*

ISBN: 978-3-7357-9170-2

Für Männer und Frauen

Inhalt

Letzten Sommer	11
So nicht	12
Billiger Lorbeer	14
Der kleine Unterschied	16
Männer wie ich	17
Ein Mann wie Dynamit	18
Sie & ich	25
Große Fische – kleine Fische	26
Hinterlassene Spuren	27
Fluch der Technik	29
Hommage	30
Nachwuchs	32
Paul und Louise	33
An Fred	35
Coconami	36
Himmelhoch (für C.)	38
Das Leben ist ein Zirkus	39
Ein Malheur	41
Henry Ch.	44
Eine besorgte Mutter	45
My harmony	47
Oh Claire	48
Old Shatterhand	50
Verletzter Stolz	52
Ohne Schweiß kein Preis	56
Meine Güte	58
Glück (?)	59
Nüchtern betrachtet	60
No sports	61

Für meinen Vater	62
Violetta	63
Mein Glück	66
Nachruf auf einen Freund	67
Ein Prachtstück	69
Eine unabdingbare Tatsache	70
Die Weisheit alter Männer	71
Smalltalk	72
Täter – Opfer	74
Feierabend	75
Helden ihrer Zeit	79
Danksagung	81
Kinder Kinder	82
Keine Ursache	84
Ihr Andenken	85
Seine Qual (für P. K.)	86
Der Parasit	87
Mutterglück	90
Sie	92
Fragen an mich	93
Erfahrungswerte	94
Vernunft geht vor	95
Wie es um mich steht (B. C.)	96
Neue Theorien	97
Erwachsenenbildung	98
The American Way	101
Alles beim Alten	102
Der Dieb	103
Law and Order	105
Glücksgriff	106

Alt und jung	107
Zwei Schuldige	108
Keine Reue	109
Musik Musik	111
Straight to hell, wenn es denn sein muss	115
Für M. – weil es ausgestanden ist	116
Ein Traum wurde wahr, oder: Ich liebe mich	117
Alles wie gehabt	121
No changes	122
Ein ganzer Kerl	123
Ihre Augen	124
Ende gut – alles gut	125

Letzten Sommer

Es war heiß, furchtbar heiß.
Im Zimmer stand die Luft,
wie betoniert.
Mein Hemd klebte an meinem Körper,
wie die Tapete an der Wand.
Der Hund kläffte wie verrückt
und in der Küche fluchte eine Frau.
Es war wieder einmal August,
und ich liebte auch diesen Sommer.
Was kann es Schöneres geben,
als eiskaltes Gingerale in sich reinzuschütten,
und darauf zu warten,
dass es aus den Poren wieder rauskommt.
Ich war zufrieden mit mir
und der Welt, wie man wohl sagt.
Nur das nervige Gezeter von nebenan
ging mir gegen den Strich.
Meine Ohren vertragen keine Frauenflüche,
und in ihrer Wortwahl
war sie nicht gerade damenhaft.
Doch was soll's –
es war 35 Grad heiß,
und deshalb ertrug ich auch das.
Ich weiß,
dass es mit meinem Glück bei Frauen
nicht weit her ist.
Und das machte die Sache
noch ein bisschen erträglicher.

So nicht

Sie kam aus dem Bad, und den Zustand,
in dem sie vor mir stand,
würde ein Dichter mit
„sie trug nur ein Lächeln" beschreiben.
Hilflos starrte ich sie an.
Mein Mund wurde trocken, und meine Hose
beulte sich an verräterischer Stelle.
„Was ist denn mit dir?", fragte sie lachend.
„Du siehst doch nicht zum ersten Mal
eine nackte Frau.
Also, mach deinen Mund wieder zu."
Sie kam auf mich zu
und blieb eine Armlänge entfernt vor mir stehen.
Ich konnte sie riechen,
und mit einer lächerlich kleinen Bewegung
hätte ich sie auch berühren können.
Doch etwas in meinem Kopf befahl meinen Armen,
tatenlos an meinen Seiten hängen zu bleiben.
„Es tut mir leid, Florénce,
aber das ist der verkehrte Weg."
Ich stand auf, nahm meine Jacke
und verließ die Wohnung,
ohne ein weiteres Wort.
Ich drückte auf den Knopf für den Lift,
und zum ersten Mal seit meiner Kindheit
versuchte ich mich wieder an einem Gebet.
„Bitte, lieber Gott, schick diesen verdammten Lift.
Bitte mach schnell."

Der Lift kam und ich stieg ein,
ohne mich noch einmal umzudrehen.
Ich weiß nicht,
ob der liebe Gott
etwas dazu beigetragen hat,
dass dieser Aufzug kam.
Doch seit jenem Tag ist mir
der Gedanke an die Existenz
eines „höheren Wesens"
nicht mehr ganz so unangenehm.

Billiger Lorbeer

Wir haben fünfzig Minuten Squash gespielt,
und er hat den Ball und mich laufen lassen,
wie es ihm gerade gefiel.
Für meinen untrainierten Körper
war es die reinste Höllenqual.
Nach dem Duschen saßen wir noch
auf einen Drink in der Sportlerbar.
Ich hatte keine frische Wäsche mit,
sondern steckte wieder
in meinen verschwitzten Klamotten.
Er war korrekt geföhnt und
von einer Duftwolke eingehüllt,
die ihn als erfolgreichen Aufsteiger auswies.
Die Bedienung brachte ihm
einen Eiweißshake,
für mich war ein kühles Bier
genau das Richtige.
„Etwas mehr Bewegung
könnte dir auch nicht schaden",
warf er mir grinsend vor.
„Schon möglich", antwortete ich,
„aber ich fühle mich auch so ganz wohl."
Wir tauschten noch einige
Belanglosigkeiten aus –
in den Kreisen,
in denen er seit Neuestem verkehrt,
ist das wohl so üblich –
dann leerten wir unsere Gläser

*und bezahlten.
Mit seinem Vierzigtausend-Euro-Auto
fuhr er mich nach Hause.
Als wir vor meiner Wohnung hielten,
sagte er noch:
„Wenn du mal wieder ein Spielchen
machen willst, ruf mich einfach an.
Meine Nummer hast du ja."
„Klar, die hab ich.
Aber verlass dich nicht drauf."
Mit Blei in den Beinen und Blasen
an meiner rechten Hand
schleppte ich mich die Treppen hoch.
Ich warf mein nasses Handtuch in eine Ecke
und ließ mich in voller Montur
aufs Bett fallen.
Morgen würde ich garantiert
einen Riesenmuskelkater haben.
Aber davor war mir nicht bange.
Ich werde liegen bleiben, solange ich will.
Er aber wird pünktlich um acht Uhr
seinen tollen Wagen vor seinem Büro parken,
und es seinem Chef recht machen müssen.
Frisch geduscht, frisch geföhnt,
frisch einparfümiert.
Und unter diesem Aspekt
gönne ich ihm gerne
seinen sportlichen Triumph über mich.
Auch wenn meine Miete für drei Monate offen steht
und mich mein Kühlschrank nicht satt macht.
Trotzdem.*

Der kleine Unterschied

Gut, ich sehe es ja ein:
Es war leichtsinnig von mir,
dir von Carola erzählt zu haben.
Woher hätte ich aber auch wissen können,
dass du jedes Wort
auf die Goldwaage legst?
Nur, weil ich gesagt habe,
ich habe es gerne gesehen,
wenn sie in Spitzenunterwäsche
rumgelaufen ist,
brauchst du es ihr doch nicht gleichzutun.
Bei ihr waren es eben diese knisternden Dinger,
und noch mehr,
was mich so angemacht hat,
und bei dir ist es eben etwas anderes,
und noch mehr.
Der größte Fehler,
den du machen kannst, ist der,
dass du sie zu imitieren versuchst.
So lieb und nett und hübsch du auch bist,
aber an sie reichst du nicht heran.
Tut mir leid.
Es klingt hart,
und bestimmt ist es auch ungerecht,
aber ich musste das einfach mal loswerden.

Männer wie ich

Allein meinen ausgezeichneten Reflexen
habe ich es zu verdanken,
dass ich nicht
auf das Auto vor mir gekracht bin.
Ich habe nur einmal kurz
auf die andere Straßenseite geguckt,
da ging gerade diese Frau vorbei.
Für Sekunden saugten sich
meine Augen an ihrer roten Mähne fest,
die wie eine Muleta im Wind flatterte.
Wahrscheinlich hatte der Kerl
im Auto vor mir
sie auch gesehen und war deshalb
langsamer geworden.
Aber es ging ja alles noch einmal gut,
ich bin ihm nicht hinten draufgeknallt.
An der nächsten Kreuzung
habe ich meinen Wagen gewendet
und bin zurückgefahren
in Richtung der roten Haare.
Ich habe die Frau noch gerade eben
in eine Bank verschwinden sehen,
doch allein schon dieser Anblick
war mir den kleinen Umweg wert.
Alle Männer sind gleich,
und ich bin nicht gleicher.

Ein Mann wie Dynamit

„Was starrst du mich immer so an, Alter?"
„Tu ich doch gar nicht."
„Und wie du das machst.
Du hättest mich wohl gerne
auf deiner Matratze, was?"
„Nun ja, da ist schon was Wahres dran."
„Und was ist dir das Vergnügen wert?"
„Ich habe noch nie dafür bezahlt, Süße."
„Du machst wohl Witze.
Denkst du, ich bin von der Heilsarmee?"
„Mit einem Körper, wie du ihn hast,
nehmen die dich gar nicht."
„Ha, da hast du wohl verdammt recht.
Aber sag, wie steht's?
Für fünf Scheine besorg' ich es dir,
dass du mich nie vergisst."
„Ich hab doch eben schon gesagt,
ich bezahle nicht dafür.
Außerdem habe ich ein ziemlich mieses Gedächtnis.
Wir können aber zusammen etwas trinken,
wenn du willst."
„Klar können wir das.
Und dann mal raus mit der Sprache:
wann hattest du das letzte Mal
was mit einer Frau?
Ich hab doch den Blick dafür,
dass du es nötig hast."
„Im Frühjahr 1989"
„Was?

Das sind ja über fünfundzwanzig Jahre!"
„Du bist ein kluges Kind."
„Und wie hast du es
die ganzen Jahre über gemacht?
Du kannst doch wohl schlecht
alles rausgeschwitzt haben?"
„Ich weiß, was du meinst.
Doch ich habe mir nicht ein einziges Mal
einen runtergeholt.
Ehrlich."
„Du musst ja voll sein wie tausend Mann."
„Worauf du dich verlassen kannst."
„Mir will einfach nicht in den Kopf,
dass jemand so lange darauf verzichten kann.
Bei einem Pfarrer will ich ja mal gar nichts sagen,
der darf nicht,
aber ein Kerl wie du?"
„Mehr oder weniger habe ich es tatsächlich
freiwillig sein lassen.
Und besondere Umstände haben auch
ihren Teil dazu beigetragen."
„Besondere Umstände?"
„Du bist ganz schön neugierig, Kleine."
„Na hör aber mal.
Ein Kerl wie du ist mir noch nicht untergekommen,
und deshalb interessiert es mich einfach.
Also, was waren diese besonderen Umstände?"
„Ich war im Gefängnis."
„Aber doch keine fünfundzwanzig Jahre?"
„Doch. Volle dreihundert Monate.
Die Tage weiß ich nicht mehr genau,

es waren ein paar Schaltjahre darunter."
„So eine Latte kriegst du aber nur für Mord!"
„Ich hab schon gesagt,
du bist ein kluges Kind."
*„Wie ein Killer siehst du gar nicht aus,
vor dir könnte ich keine Angst haben."*
„Das brauchst du auch nicht,
ich bin absolut harmlos."
„War es ein Mann oder 'ne Frau?"
„Eine Frau."
*„Na, da gehört aber nicht viel dazu,
eine Frau zu killen!"*
„Ich habe es nicht mit Absicht getan,
das musst du mir glauben.
Eigentlich war es ein Unfall."
*„Nun rück schon raus damit:
wie ist es passiert?"*
„Du wirst es mir nicht glauben."
*„Doch, versprochen.
Also, spuck schon aus."*
„Es geschah,
als ich es mit ihr getrieben habe."
„Was??"
„Habe ich doch gesagt,
du wirst es mir nicht glauben."
*„Aber du kannst doch keine Frau umbringen,
wenn du es mit ihr treibst.
Das ist ja schlimmer noch als pervers."*
„Dem Richter habe ich auch zu erklären versucht,
dass es ein Unfall war.
Aber er sagte, es wäre Mord gewesen.

Nun, er musste es schließlich wissen."
„Lass dir doch nicht jedes Wort aus der Nase ziehen.
Wie hast du es gemacht?
Hast du sie erdrosselt oder wie?"
„Ich habe sie explodieren lassen."
„Großer Gott!
Du bist der abartigste Schweinehund,
der mir je in meinem Leben begegnet ist."
„Es ist dein gutes Recht,
so von mir zu denken."
„Für immer hättest du eingelocht werden müssen.
Oder am besten gleich aufgehängt."
„Das wollten damals viele.
Aber ehrlich, ich konnte wirklich nichts dafür.
Ich wusste doch selbst nicht,
dass es so eine Wirkung haben würde."
„Wie hast du es überhaupt angestellt,
dass du nichts abbekommen hast,
als du sie gesprengt hast?"
„Wer sagt denn, ich hätte sie gesprengt?"
„Wenn sie explodiert ist,
wirst du sie ja wohl gesprengt haben, oder?"
„Irrtum Schätzchen, da liegst du vollkommen falsch.
Sie ist explodiert, als es mir gekommen ist."
„Du bist total verrückt,
langsam bekomme ich doch Angst vor dir."
„Verrückt bin ich nicht, das habe ich amtlich.
Die haben mich damals komplett durchgecheckt,
aber kein Arzt und sonst auch keiner
hat etwas Abnormales finden können.
Wenn du mir aber nur glauben würdest,

dass ich wirklich nichts dafür konnte.
Vorher ist es mir doch auch nie so gekommen.
Ich hatte nur dieses eine Mal so eine Wucht drauf,
ich habe selbst keine Erklärung dafür."
„*Das ist der pure Wahnsinn,*
ich kann es einfach nicht glauben."
„Das hat damals mächtig viel Staub aufgewirbelt,
in den Zeitungen und so.
Ich war damit sogar im Fernsehen,
falls es dich interessiert."
„*Und du hast gar nichts dabei abbekommen?*"
„Eigentlich nicht.
Die Druckwelle hat mich nur
gegen die Wand geschleudert.
Aber du kannst dir überhaupt nicht vorstellen,
wie ich mich gefühlt habe.
Ich konnte es selbst nicht begreifen,
bis ich dann das Blut sah
und das ganze Chaos.
Die Typen, die das wieder sauber machen mussten,
hatten wohl den größten Hass auf mich."
„*Wie haben sie dich eigentlich geschnappt?*"
„Der Portier von dieser Pension
hatte den Knall gehört.
Der ist dann raufgekommen,
und er hat auch die Bullen gerufen."
„*Mann oh Mann, das ist vielleicht ein Ding.*"
„Das war es wirklich, weiß Gott.
Der Richter hat gesagt,
hätte man die Golden Gate Bridge
mit 500 Pfund TNT in die Luft gejagt,

es wäre das Gleiche gewesen."
„*Die Golden Gate Bridge? Nie gehört.*"
„Die ist in San Francisco, Amerika.
Du warst wohl noch nie in den USA?"
„*Ich bin nur einmal aus Deutschland rausgekommen.
Nach Österreich, aber nur für ein paar Tage.*"
„Das ist auch verdammt gut so.
Ich sag immer, man soll da bleiben,
wo man zu Hause ist.
Dann kann weniger schief gehen."
„*Damit magst du von mir aus Recht haben.
Mich würde aber mehr interessieren,
ob es dir noch mal so gekommen ist,
so wie damals, meine ich?*"
„Nein. Nicht nur nicht so,
sondern überhaupt nicht mehr."
„*Du kannst also seitdem nicht mehr?*"
„Ha, ich kann es wahrscheinlich besser
als der ganze versoffene Rest.
Ich habe es nur nicht wieder probiert."
„*Du hast vielleicht Nerven.
Ich würde es keine Woche ohne aushalten.*"
„Du glaubst doch wohl nicht, mir macht das Spaß?
Ich bin scharf wie ein Seemann
nach sechs Monaten auf hoher See."
„*Denkst du, es passiert wieder, wenn du es machst?*"
„Keine Ahnung, Schatz, ich weiß es nicht."
„*Vielleicht bin ich selbst pervers,
aber diese ganze Geschichte
hat mich jetzt richtig geil gemacht.*"
„Wenn du willst – an mir soll's nicht liegen."

„Aber was ist, wenn ich auch explodiere?"
„Dafür kann ich nicht garantieren,
das musst du schon selbst wissen."
„Es wäre bestimmt wie beim allerersten Mal.
Ich muss verrückt sein,
aber ich will mit dir ins Bett."
„Du weißt aber, ich bezahle nicht dafür."
„Keine Sorge, diese Nummer ist gratis.
Ich übernehme auch das Zimmer."
„Also dann, worauf warten wir noch?"
„Ja, worauf eigentlich?
Lass uns gehen, es ist gleich da vorne um die Ecke.
Und wenn ich auch in die Luft fliege,
komme ich wenigstens in die Zeitung.
Vielleicht sogar ins Fernsehen."
„Du hast den richtigen Humor, du gefällst mir."
Als sie es dann machten und es ihm kam,
war es wie vor fünfundzwanzig Jahren:
der gleiche Knall,
das gleiche verwüstete Zimmer,
dasselbe beschissene Gefühl.
Nur der Portier, der in der Tür stand,
war ein anderer.

Sie & ich

Ich liebe ihren Hintern,
der ein bisschen zu groß ist.
Ich liebe ihre Brüste,
die gerne ein bisschen
größer sein könnten.
Ich liebe ihre Nase,
die zwar krumm ist,
aber sie steht ihr gut.
Ich liebe ihre Hände,
denen man die Arbeit ansieht.
Ich liebe ihre Haut,
die nicht an allen Stellen glatt ist,
aber das ist sie bei mir auch nicht.
Ich liebe ihre Intelligenz,
die meiner weit überlegen ist.
Ich liebe ihre Energie,
die schier unerschöpflich zu sein scheint.
Ich liebe sie,
weil sie noch immer bei mir ist.
Und das ist noch toller
als ihr Hintern, ihre Brüste
und alles andere.

Große Fische - kleine Fische

Es macht mir absolut nichts aus,
dass Loreley etwas mollig ist.
Zugegeben, ein Bikini ist nicht gerade
die ideale Badebekleidung,
doch ein Einteiler bringt ihre Kurven
hervorragend zur Geltung.
Und außerdem sind die Sommer bei uns
meistens eh nur ein paar Tage lang.
Die Witze,
die nicht nur hinter unseren Rücken
gerissen werden,
kratzen mich nicht im Geringsten.
Ich bin nun mal ein dürrer Hering
und Loreley ist die dicke Scholle,
bildlich gesehen.
Umso mehr bedrückt es mich,
wenn Loreley mit einer Abmagerungskur
ihrem Schicksal Paroli bieten will.
Es hilft dann auch nicht, wenn ich sage,
dass ich sie liebe, so wie sie ist.
Nein, zwanzig Pfund müssen runter, um jeden Preis.
Und mit der neuen Hollywood-Diät
ist das auch überhaupt keine Schwierigkeit.
Das Ende vom Lied sind immer Tränen,
und es liegt an mir, dafür zu sorgen,
dass sie wieder einen Fuß auf die Erde bekommt.
Loreley, ein für alle Mal:
Selbst mit Maßen von 110-100-120
bist du meine MISS UNIVERSUM!

Hinterlassene Spuren

*Je älter ich werde,
desto mehr Eigenheiten entdecke ich an mir,
die ich über die Jahre hinweg
mehr oder weniger kultiviert habe.
Ist wahrscheinlich gar nichts Außergewöhnliches,
kann von mir aus jeder so machen.
Interessiert mich aber nicht, was andere machen.
Ich habe mein eigenes Problem damit.
Jetzt bin ich mit einer Frau zusammen,
die, bis ich vor Kurzem in ihr Leben trat,
mit einem anderen Kerl zusammen war.
Und das mehr als fünfzehn Jahre!
Dass da irgendetwas hängen geblieben ist,
ist auch nicht weiter verwunderlich.
Nur – die Sache ist die:
Sie vergleicht mich bei jeder passenden
und unpassenden Gelegenheit
mit ihrem Verflossenen.
„Das hätte Georg niemals so gemacht",
ist da noch einer der harmloseren Vergleiche.
„Ich bin aber nicht Georg, ich bin Heinz."
Darauf habe ich sie bestimmt schon
mehr als hundert Mal hingewiesen,
allerdings ohne bleibende Wirkung.
Natürlich bin ich anders als Georg,
wahrscheinlich sogar vollkommen anders.
Und dass ich eben andere Dinge sage,
denke und tue,
ist auch nicht gerade die Riesenüberraschung.*

Bis zu einem gewissen Grad
bin ich auch durchaus bereit,
mich ihren Vorstellungen anzupassen.
Im Großen und Ganzen
wäre es aber doch ganz angenehm,
so akzeptiert zu werden, wie ich nun mal bin.
Ich glaube, ich liebe diese Frau,
aber wir müssen da wohl einen anderen Weg finden.
Wenn ich wieder einmal nicht so gehandelt habe,
wie Georg es zu tun pflegte,
bringe ich jetzt meinen Vergleich.
Das ist wie mit eingelaufenen Schuhen:
wenn die ein anderer anzieht,
hat er wenigstens am Anfang Probleme damit.
Da nützt es auch nichts,
wenn wir beide,
Georg und ich,
dieselbe Schuhgröße haben.

Fluch der Technik

*Der Supermarkt bei mir um die Ecke
hat jetzt auch auf Scannerkassen umgestellt.
Ab sofort lege ich meine Einkaufssachen
auf ein Förderband,
die Kassiererin dreht die Packungen und Tüten
mit dem Balkenetikett vor eine Glasscheibe,
es fiept ein bisschen und
die Registrierkasse rattert.
Auf einem Minibildschirm sehe ich in grünen Ziffern
meine Schuld leuchten.
Ich bezahle, bekomme Wechselgeld zurück,
verstaue meine Sachen, und tschüss.
Früher war wenigstens noch
ein kleines Schwätzchen
mit der Kassiererin möglich.
Aber wenn ich jetzt sage,
dass die gefrorene Thunfischpizza
heute mein Abendessen sein wird,
und sie frage, was sie mir für einen Salat
dazu empfehlen könnte,
schnauzt sie mich unfreundlich an,
sie müsse sich konzentrieren und ich solle sie
nicht bei ihrer Arbeit stören.
Natürlich halte ich mich daran, weil ich ja sehe,
dass diese Frauen ganz schön am Rotieren sind.
Schade ist es aber trotzdem.
Technik und Fortschritt sind nicht immer ein Segen.
Aber, wem sage ich das.*

Hommage

Jutta findet ihren Hintern zu groß,
viel zu groß sogar.
Mir gefällt ihr Hinterteil genau so, wie es ist.
Das Problem ist nur,
dass Jutta mir meine Begeisterung
für ihre Rückseite nicht abnimmt.
„Gib dir keine Mühe.
Ich habe schon alle Sprüche
zu meinem Hintern gehört. Alle."
„Glaub mir, jede Menge Frauen würden
wer weiß was dafür geben,
hätten sie einen Arsch wie deinen!"
"Jaja, auch das habe ich schon oft gehört.
Aber jede dieser Tussen weiß ganz genau,
dass solche Wünsche nicht in Erfüllung gehen!"
„Ist es denn nicht genug,
wenn ich deinen Hintern liebe?
OK, er ist etwas XL,
aber das bist doch du!"
„XL ist gut, du Komiker!
Da musst du wohl noch ein paar X-en anhängen."
„Von mir aus eben Triple-X, auch recht!"
„Also doch – mein Hintern ist einfach zu groß.
Basta."
„Stell dich mit dem Rücken an ein Flussufer
und ich wette:
der Fluss fließt bergauf!"
Endlich lächelte sie wieder.
„Wir probieren das morgen mal aus.

Und wehe, der Fluss ignoriert meinen Arsch!
Dann kannst du aber was erleben!"
Diese Wette habe ich schon gewonnen.
*Schließlich ist **der** Fluss männlich!*
Und wir Kerle erkennen einen guten Hintern,
wenn wir einen sehen.

Nachwuchs

Inzwischen lerne ich Frauen kennen,
die keine LPs im Schrank haben
und auch niemals welche hatten.
Schallplatten,
dabei denken sie eher an Innenausbau als an Musik.
Sie kennen nur CDs und MP3.
Natürlich sind diese Frauen jünger als ich.
Ist auch kein Wunder!
Manche sind sogar gewaltig jünger.
Aber obwohl sie noch jung sind,
und obwohl sie noch alles vor sich haben,
die meisten jedenfalls,
bin ich ihnen mit meiner Spontaneität
nicht selten haushoch überlegen.
Ich bin beinahe ein alter Sack, 1961 geboren,
aber meine Energie reicht noch allemal,
um den sogenannten wilden Jungs zu zeigen,
was wo wie langgeht.
Ich höre oft: „Du könntest mein Vater sein,
aber du hast Sachen drauf,
die Jungs in meinem Alter niemals bringen würden."
Um den männlichen Nachwuchs
ist es nicht gerade gut bestellt,
und wie es aussieht,
werde ich die eine oder andere Spielzeit
wohl noch dranhängen.
Doch ich würde glatt lügen, wenn ich behauptete,
dass es mir nicht selbst auch Spaß macht.
Und zwar nicht zu knapp!

Paul und Louise

Wir hatten nichts Besseres zu tun,
und so saßen Paul und ich auf einer Bank am Fluss
und warteten darauf, dass ein Schiff vorüber kam.
Es ist zwar nur ein kleiner Fluss,
aber ab und zu kommt doch ein Schiff vorbei.
Und genau darauf warteten wir.
Wir saßen mindestens schon eine Stunde,
ohne einen Ton gesagt zu haben,
und ohne, dass ein Schiff zu sehen gewesen wäre,
als Paul plötzlich anfing,
von seiner ersten Frau Louise zu erzählen.
Ich habe Louise auch gekannt,
aber was Paul jetzt von ihr erzählte,
stimmte mit meiner Erinnerung an sie nicht überein.
Laut seiner Schilderung sei Louise
ein herrschsüchtiges Weib gewesen,
dem man nichts hat recht machen können.
Sie habe sich von dem Tag an,
als sie seine Frau wurde,
um hundertachtzig Grad gedreht.
In jederlei Hinsicht.
Bevor sie offiziell Mann und Frau wurden,
hätte Louise nicht genug Sex haben können,
aber bereits in ihrer Hochzeitsnacht
habe sie sich ihm verweigert,
klärte Paul mich freimütig auf.
Und die folgenden Jahre bis zu ihrer Scheidung,
das waren immerhin fast fünf,
hätten sie bloß noch viermal

miteinander geschlafen.
Einmal im Jahr,
seltsamerweise immer an Heiligabend.
Dass er sich dann Sex bei Frauen erkauft habe,
entschuldigte Paul lakonisch damit,
er sei auch bloß ein Mann.
Der Scheidungsrichter hatte aber
ein anderes Verständnis
von ehelicher Treue,
und er verknackte Paul
zu monatlichen Unterhaltszahlungen,
die sich gewaschen haben.
Paul hielt einen Monolog von gut zwanzig Minuten.
Als er damit fertig war, sagte er nur noch kurz:
„Ich hab' das einfach loswerden müssen.
Tut mir Leid, Heinz,
dass ich dir die Ohren vollgelabert habe."
„Keine Spur, Paul. Wozu hat man denn Freunde?",
sagte ich, und damit war die Sache vom Tisch.
Natürlich hätte es mich interessiert,
weshalb sie ausgerechnet immer
an Heiligabend gebumst haben.
Aber ich habe nicht danach gefragt.
Wir starrten wieder auf den Fluss hinaus,
aber an diesem Abend
hat kein Schiff diesen Wasserweg benutzt.
Wir hätten es sonst sehen müssen.

An Fred

Seit Wochen höre ich jede Nacht
die Frau aus Appartement 1085 weinen.
Ich wohne auf 1087, und die Wände sind sehr dünn.
Pünktlich um zehn geht es los.
Anfangs ist es nur ein leises Schluchzen,
das aber kontinuierlich lauter wird.
Morgens gegen drei
ist es dann ein hemmungsloses Heulen.
Sie ruft dabei immer nach einem Kerl namens Fred.
„Bitte Fred, komm doch zurück. Ich liebe dich."
An und für sich wäre das alles halb so schlimm,
nur habe ich einen Job,
bei dem ich einigermaßen ausgeschlafen sein sollte.
Aber mit der Flennerei von nebenan
ist das leider nicht möglich.
Natürlich habe ich schon an ihre Tür geklopft,
aber darauf hat sie überhaupt nicht reagiert.
Der Hausverwalter,
dem ich von der Sache erzählt habe, meinte,
ich müsse mich beim Hausbesitzer beschweren.
Er könne jedenfalls nichts machen.
Mit meinem Latein bin ich inzwischen am Ende,
und die letzte Hoffnung, die mir bleibt, ist,
dass Fred dies hier liest.
Bitte Fred, schau doch mal auf 1085 vorbei.
Oder ruf wenigstens an.
Ich bin schon dabei, meine Nerven zu verlieren,
vielleicht kann ich auf diese Art
wenigstens meinen Job retten.

Coconami

Wer kennt sie nicht:
Tage, an denen irgendetwas nicht ganz
nach Plan läuft.
Wie es aussieht, ist heute so einer.
„Was hörst du dir denn wieder an?
Und was ist das überhaupt für eine Sprache,
in der die singen?"
Ich sitze in meinem Zimmer,
mache gar nichts, höre nur Musik.
Sie ist schwungvoll reingekommen,
und will jetzt wissen,
was für Musik das ist.
„Das ist japanisch."
„Japanisch?
Wie bist du denn wieder auf so was gekommen?
Das ist ja ziemlich schräg."
„Was ist denn daran bitteschön schräg?
Die spielen mit Ukulele und Blockflöte.
Auch Sachen von den Ramones."
„Guckst du dir dann auch
diese Kleine-Mädchen-Pornos an?
Das ist auch japanisch!"
„Was du meinst, sind Mangas.
Und in Japan ist das Kunst."
„Ha, Kunst!
Es ist also Kunst, wenn sich alte Säcke an Comics
mit kleinen Mädchen in Schuluniformen aufgeilen?
Ihr Kerle seid doch alle irgendwo pervers!"
„Hast du dir überhaupt schon mal

einen Manga angeguckt?
Die kommen immer mehr, auch bei uns."
„Ich habe vielleicht auch meine Macken,
schon möglich.
Aber wenn es um solche Schweinereien geht,
bin ich Gott sei Dank noch stinknormal!"
Sie lässt das Bekenntnis ihrer Normalität
im Raum stehen
und verschwindet wieder aus meinem Zimmer.
Früher habe ich an solchen Tagen
einen Eintrag in meinen Kalender gemacht.
Aber früher waren solche Tage
auch noch die Ausnahme.
Das ist leider nicht mehr der Fall.
Ich drücke die Repeat-Taste und lasse mich
noch mal schräg auf Japanisch bezaubern.
Pervers hin oder her.

Himmelhoch (für C.)

*Es ist keine Übertreibung, wenn ich sage,
sie hat Beine, die bis in den Himmel reichen.
Natürlich ist das nicht wörtlich zu nehmen.
Wenn du aber vom weiblichen Geschlecht
ein bisschen Ahnung hast, verstehst du auch,
dass ich dafür einiges in Kauf nehme.
Dass sie mein Geld mit beiden Händen
und mit aller Kraft zum Fenster rauswirft
ist ebenso der Preis dafür,
wie die peinlichen Szenen, die sie am liebsten
vor versammelter Mannschaft aufführt.
Hinzu kommen unzählige Kleinigkeiten,
die mir das Leben nicht immer leicht machen.
Mehr als einmal habe ich schon überlegt,
ob ich mich bei der ganzen Geschichte
nicht verdammt lächerlich mache.
Wahrscheinlich tue ich es auch.
Aber – sieh du erst einmal diese Beine,
und jedes weitere Wort ist überflüssig.*

Das Leben ist ein Zirkus

*Ich hatte ihn als aufrechten,
mit allen Wassern gewaschenen Kerl in Erinnerung.
Was aber da vor mir stand, hatte mit dem Mann,
dem ich die beste Zeit meines Lebens verdankte,
nicht mehr viel gemeinsam.
Seine Schultern hingen schlaff nach vorn,
sein Anzug war Secondhand,
und für die wenigen Haare, die er noch hatte,
wäre jeder Kamm Luxus gewesen.
Ich wusste nicht recht, was ich hätte sagen sollen,
also probierte ich es einfach mit:
„He Frank, ist ja ne Ewigkeit her,
dass wir uns gesehen haben.
Wie läuft es denn immer so?"
Ich gab mir Mühe, mir meine Verwunderung
über seine traurige Erscheinung
nicht anmerken zu lassen.
„Laufen tut außer meiner Nase
schon lange nichts mehr",
gab er mir resigniert als Antwort.
Er verkroch sich noch mehr in seinen Anzug,
so als wäre ihm unser zufälliges Zusammentreffen
unangenehm.
„Aber das darf doch nicht wahr sein.
Mensch Frank, alter Freund, was ist denn passiert?"
Mein Interesse war nicht gespielt.
„Eine Frau
hat mich aus dem Gleichgewicht gebracht,
was auch sonst."*

Natürlich war das die plausibelste
aller Erklärungen.
Aber von einem Kerl wie ihm
klang es beinahe lächerlich.
„Ja, ich weiß, es sind harte Zeiten für Artisten",
fiel mir dazu nur ein,
aber Frank war schon weitergegangen.
Wahrscheinlich
hatte er es auch gar nicht mehr gehört.
Hoffentlich.

Ein Malheur

Rosinas Vorliebe für Kleider mit
großzügigem Dekolleté
kommt mir sehr gelegen.
Für mich gibt es kaum etwas Erotischeres
als die Stelle,
wo sich die weiblichen Brüste teilen,
um dann jede für sich allein erregend zu sein.
Noch dazu, da Rosina mit zwei Prachtexemplaren
von Brüsten ausgestattet ist.
Wenn wir zusammen ausgehen,
trägt sie nicht selten Kleider,
die nicht ganz jugendfrei sind.
Nicht um zu provozieren, nein,
sondern einfach, weil es ihr gefällt.
Und mir auch, also was soll's.
Letzten Sonnabend waren wir zum Essen verabredet,
und während wir auf unsere Bestellung warteten –
der Ober hat sich beinahe die Augen ausgeguckt
an diesem überwältigenden Einblick –
bat Rosi mich um Feuer für ihre Zigarette.
Natürlich gab ich ihr welches,
nur hielt ich die Flamme so, dass sie sich ganz weit
über den Tisch beugen musste, um heranzukommen.
Rosina kennt diese Spielchen,
und sie hat auch am Samstag mitgespielt.
Das Pech war nur, dass sie diesmal
den heißesten Fummel anhatte,
den man außerhalb von Sexshops kaufen kann.
Lange Rede, kurzer Sinn –

*der Stoff war in dieser horizontalen Lage
nicht mehr imstande,
diese geballte Ladung weiblicher Vorzüge
im Zaum zu halten,
und wie in einem niveaulosen Sexstreifen
saß Rosina plötzlich mit entblößten Brüsten da.
Gerade in diesem Augenblick trat der Ober
mit unserem Essen an den Tisch heran,
und der Anblick nackter Fleischeslust
ließ ihn jegliche Kontrolle
über seine Armmuskeln verlieren.
Er versuchte zwar zu retten, was zu retten war,
aber alle Balancierkünste halfen nichts,
und so landete unser Essen
auf dem dicken Teppichboden,
der es gierig aufsaugte.
Sofort waren alle Augen des Restaurants
auf uns gerichtet.
Einige Damen konnten sich das eine „Ah"
oder das andere „Oh" nicht verkneifen,
den Herren schien Rosis Pracht besser zu gefallen.
Mit stoischer Gelassenheit brachte Rosina
sich wieder in Ordnung
und lächelte den Ober verständnisvoll an.
Ihm war die Sache
um einiges unangenehmer als uns.
Der Geschäftsführer,
der nur mitbekommen hatte,
dass sein Angestellter unser Essen
auf den Boden hatte fallen lassen,
nicht aber den Grund weshalb,*

kam an unseren Tisch
und entschuldigte sich tausendmal.
Es sei heutzutage einfach ungemein schwierig,
qualifiziertes Personal zu bekommen,
versicherte er uns.
Wir erneuerten unsere Bestellung,
bekamen einen anderen Kellner zugewiesen,
und die Rechnung ging aufs Haus.
Darauf bestand der Geschäftsführer.

Henry Ch.

Ich muss nicht von Liebe reden,
wenn ich mit einer Frau ficken will.
Ausgenommen natürlich, ich liebe sie wirklich.
Aber wie oft ist das schon der Fall?
Nein, ich kann das auch ganz gerade heraus sagen.
Diese Direktheit ist zwar
nicht jedermanns / jederfraus Sache,
aber man erreicht etwas damit, so oder so.
Wenn ich aufs Klo gehe,
mache ich kein Geheimnis daraus,
welche Art von Geschäft ich da verrichte.
Warum soll ich das Kind nicht beim Namen nennen?
Immer wieder versuchen welche,
mir an den Karren zu fahren,
nur weil ich einen Schundroman
den Klassikern der Literatur vorziehe.
Bitte, meinetwegen,
aber wessen Horizont hier begrenzt ist,
muss sich erst noch zeigen.
Dieses ganze lauwarme Gewäsch,
von wegen Sprachkultur
und was weiß ich noch alles,
ist sowieso total für die Katz.
Triviale Schreibe,
und selbst wenn sie noch so vulgär ist,
muss es ganz einfach auch geben.
Und einige Millionen Leser
können sich schließlich nicht irren!
Cheers and goodbye, Hank.

Eine besorgte Mutter

*Viktoria und ich
sind seit über zwanzig Monaten zusammen,
und wir haben vor,
noch länger zusammen zu bleiben.
Es war also nur zu logisch,
dass mich ihre Eltern endlich einmal
kennen lernen wollten.
Vergangenen Sonntag hatten wir uns deshalb
zum Kaffeetrinken angekündigt.
Ich hatte meine Jeans gegen
ein angemessenes Outfit getauscht,
und am Samstag war ich sogar noch
beim Friseur gewesen.
Was tut man schließlich nicht alles!
Anfangs war es natürlich etwas steif,
wie das eben immer so ist,
aber nachdem der Kaffee abgetragen war
und stattdessen Cognac aufgetischt wurde,
lockerte sich die Atmosphäre zusehends.
Wir lachten viel über die Witze ihres Vaters,
der ein paar echte Knaller drauf hatte.
Seine Frau versuchte zwar immer, ihn zu bremsen,
aber er war so richtig in Fahrt.
Als einmal Viktorias Mutter und ich
alleine im Zimmer waren,
weil Vicky ihrem Vater das neue Auto zeigen wollte,
fragte sie mich,
ob ich Viktoria denn etwas bieten könne.
Sie, Viktoria, hätte es nämlich verdient,*

verwöhnt zu werden.
Ich war schon ziemlich angetrunken,
und am liebsten hätte ich geantwortet,
dass mir knochenharte zwanzig Zentimeter
zur Verfügung stünden,
und dass sie das gerne nachprüfen könne.
Aber natürlich hatte ich nicht den Mut dazu,
und bestimmt hätte sich das auch nicht günstig
auf unser Verhältnis ausgewirkt.
Also log ich etwas von wegen
gutem Job, jede Menge Kohle, all so Zeug.
Damit gab sie sich zufrieden,
und sie füllte nochmal unsere Gläser.
Viktoria und ihr Vater kamen zurück,
und nachdem es noch einen Happen
zu essen gegeben hatte, verabschiedeten wir uns.
Ich war nicht mehr im Stande, Auto zu fahren,
aber Vicky brachte uns sicher nach Hause.
Dort angekommen
holte ich mir noch etwas zu trinken
und erzählte Viktoria von meiner Unterhaltung
mit ihrer Mutter
und davon, was ich gerne gesagt hätte.
„Zwanzig Zentimeter?", fragte sie ungläubig.
„Das müssen wir sofort nachmessen."
Sie ging nach nebenan, um ein Maßband zu holen.
Eigentlich hätte ich lieber weitertrinken
und dann meinen Rausch ausschlafen wollen.
Doch - wie sagte ihre Mutter noch -
sie hat es verdient, verwöhnt zu werden.

My harmony

Eine gewisse Eleganz hat sie,
das kann niemand bestreiten.
Allein schon ihr Gang hat etwas Damenhaftes,
auch wenn sie alles andere
als eine Dame ist. (Gott sei Dank!)
Wer sie für dumm hält, tut ihr schwer unrecht.
Nur weil sie mit dem Wortschatz
eines Kindes auskommt,
ist sie noch lange nicht doof.
Ich finde, das spricht sogar für sie.
Dass sie trinkt, stört mich nicht.
Schon eher ihre dicken Arme,
aber auch die liebe ich.
Sie gehören zu ihr,
wie die gefärbten Haare,
die unmöglichen Klamotten
und ihre unleserliche Schrift.
All das zusammen und noch mehr
bildet eine Harmonie,
wie sie bestenfalls ein guter Maler
in einem Stillleben zu Stande bringt.
Wer sich in der Malerei
ein klein wenig auskennt,
der weiß, was ich an ihr habe.

Oh Claire

*Als ich mit Claire zusammen war,
habe ich am eigenen Leib erfahren, wie es ist,
wenn einem der Wind ins Gesicht bläst.
Himmel, was hatte diese Frau
Haare auf den Zähnen!
Wir waren vier Monate zusammen,
und nicht einmal meinem ärgsten Feind
wünsche ich diese sechzehn Wochen.
Es ist schlimm und verwerflich,
wenn Männer Frauen schlagen.
Aber wenn es andersrum ist,
hat es sofort einen anderen Stellenwert.
Natürlich war ich Claire körperlich überlegen,
aber sie hat mich mehr als einmal verprügelt
wie einen Hund.
Ich habe mich keinmal gewehrt,
ich habe nicht einmal versucht,
ihren Schlägen auszuweichen.
Claire war jähzornig, intolerant
und wegen jeder Kleinigkeit sofort auf 180.
Immer war ich der Leidtragende und meine Brille
ist dabei dreimal zu Bruch gegangen.
Ich will von mir nicht behaupten,
dass ich ein Engel bin oder war,
aber ich werfe nicht sofort mit Sachen um mich,
nur weil z.B. im Fernsehen aus aktuellem Anlass
das Programm geändert wurde.
Claire hat das schon gemacht,
und der Nachbar unter uns*

*hat daraufhin die Polizei gerufen.
Die Bullen dachten natürlich sofort,
dass ich die Randale veranstaltet hätte.
Nur mein gutes Zureden konnte sie davon abhalten,
mich mit aufs Revier zu nehmen.
An einem Sonntagmorgen, als Claire noch schlief,
habe ich mich schließlich aus dem Staub gemacht.
Wie ein Dieb schlich ich auf Zehenspitzen
aus der Wohnung.
In der Küche habe ich einen Zettel hinterlassen
mit dem Rat,
sie solle doch eine Therapie machen
oder etwas Ähnliches.
Ich gehe jede Wette darauf ein,
Claire hat sofort
die Küche kurz und klein geschlagen.*

Old Shatterhand

Karl ist achtundsechzig,
und seit vier Jahren hat er Leukämie.
Die Chemotherapie hat ihre Spuren hinterlassen,
und lange wird er es nicht mehr machen.
So realistisch sieht Karl es auch.
„Ich habe mein Leben gehabt,
und es war ein tolles Leben.
Ich hatte Superweiber,
ich habe einiges gesehen,
und bis auf die letzten vier Jahre
war ich auch nie ernsthaft krank.
Wenn es jetzt also zu Ende geht,
habe ich nichts versäumt.
Klar würde ich noch mal
eine heiße Nummer schieben wollen,
aber erstens steht mir keine Frau zur Verfügung,
und zweitens lässt mein Standvermögen
schon böse zu wünschen übrig.
Um mir einen runterzuholen
brauche ich einen Klumpen Vaseline,
und dann rubble ich auch noch eine ganze Zeit,
bis das was wird.
Ich habe Blasen an meinen Händen
und an meinem Schwanz.
Hinter meinem Rücken nennen mich
die Krankenschwestern
einen alten Wichser,
und sie haben ja auch Recht.
Wenn ich aber einer von denen an die Wäsche will,

*klopfen sie mir auf die Finger.
Das Alter ist nicht schlimm,
und auch diese Leukämie verfluche ich nicht.
Aber dass ich deswegen keinen vernünftigen Sex
mehr haben kann, wurmt mich.
So wie es jetzt aussieht,
werde ich in die Grube gehen,
ohne noch einmal mit einer Frau
geschlafen zu haben.
Das sind vielleicht Aussichten!"*

*Karl, Karl, Männer wie dich
gibt es nicht mehr allzu viele.
Und es werden immer weniger,
siehe weiter vorne im Text.*

Verletzter Stolz

Es hämmerte an meiner Tür.
„Du Schweinehund, mach sofort auf,
oder ich schlag dir die verdammte Tür ein."
Das war Loretta.
Für mich gab es jetzt zwei Möglichkeiten:
Entweder ließ ich sie weiter gegen meine Tür treten
und riskierte damit,
dass die Bullen kamen,
oder ich ließ sie rein.
Ich entschied mich für Letzteres.
„Loretta, Schatz,
was machst du denn für ein Theater?"
„Spar dir deine Sprüche, du Dreckskerl,
du kannst mich nicht länger für dumm verkaufen.
Glaubst du, ich weiß nicht, was gespielt wird?"
Ich hatte die Tür hinter ihr wieder zu gemacht,
aber sie machte solch einen Lärm,
dass der ganze Häuserblock mithören konnte.
Aufgedonnert wie eine Dreißig-Euro-Hure
stand sie vor mir
und schwang drohend ihre Handtasche
vor meinem Gesicht herum.
Sie hatte ganz schön Schlagseite,
und mit ihren hochhackigen Stiefeln
hatte sie einige Mühe,
sich auf den Beinen zu halten.
„Heute ist der zweiundzwanzigste.
Du hast über drei Wochen
nichts von dir hören lassen.

Kannst du mir vielleicht verraten, warum?"
Sie kam noch einen Schritt näher,
und ich konnte riechen,
woher ihre wackeligen Beine kamen:
billiger Wein.
Ich wusste sofort, dass sie auf die Geschichte
mit Ricarda anspielte,
aber ich stellte mich dumm.
„Lorry, Baby, du weißt doch,
ich habe einfach keine Zeit."
„Soso, keine Zeit.
Ich werde dir sagen,
was du mit deiner Zeit anfängst:
Du fickst Ricarda, dieses kleine Luder."
Sie feuerte ihre Handtasche in die Ecke,
als wollte sie noch unterstreichen,
dass mit ihr nicht zu spaßen war.
Die Tasche sprang natürlich auf,
und eine Menge Krimskrams
rollte über den Boden.
„Jetzt mach aber mal halblang, Loretta,
so darfst du das nicht sehen.
Mit Ricarda ist das doch mehr
eine geschäftliche Beziehung", log ich.
„Und warum steigst du dann mit ihr ins Bett?"
„Das hat sich halt so ergeben."
„Ich würde ja gar nichts sagen,
wenn es nur eine einmalige Sache gewesen wäre.
Aber nein, du fickst sie jeden Tag."
Sie hatte sich inzwischen
auf die Couch fallen lassen

*und fing an, ihre Stiefel auszuziehen,
was in ihrem Zustand gar nicht so einfach war.
Woher sie wusste,
dass die Geschichte mit Ricarda
doch ernster war, als ich zugeben wollte,
weiß ich nicht.
Jedenfalls war sie gut informiert.
Die Stiefel hatte sie endlich von den Füßen,
und sie machte damit weiter,
ihre Nylons runterzurollen.
Ich hatte die ganze Zeit nur rumgestanden
und ihr zugesehen,
aber jetzt wurde es mir doch etwas mulmig.
„Loretta, mein Engel, was machst du denn da?"
„Ich ziehe mich aus, das siehst du doch.
Und dann will dein Engel, dass du ihn fickst,
genauso wie du es Ricarda besorgst."
Peng. Jetzt wusste ich Bescheid.
Sie war doch tatsächlich nur deshalb gekommen.
„Loretta, ich muss dich enttäuschen.
Ich kriege bei dir bestimmt keinen mehr hoch,
tut mir leid.
Und ich kann es auch wegen Ricarda
nicht machen, ich liebe sie nämlich."
Leid tat es mir nicht, das war gelogen;
der Rest aber entsprach der Wahrheit.
Sie war aufgesprungen und rang nach Luft.
Tränen rollten ihr über die Wangen
und tropften vom Kinn auf ihren bebenden Busen.
Es nahm sie doch mehr mit, als ich erwartet hatte.
Aber es war unvermeidbar.*

*Mit hasserfüllten Augen finsterte sie mich an.
„Das wird dir noch bitter leid tun.
Und dann kenne ich aber auch kein Erbarmen,
darauf kannst du dich verlassen."
Sie riss die Tür auf,
dass ich Angst hatte, sie reißt sie aus den Angeln.
Ohne Schuhe und ohne Strümpfe,
aber mit hocherhobenem Kopf
ging sie die Straße runter.
Zum Glück war Sommer,
so konnte ich nicht auch noch
für eine mögliche Erkältung
verantwortlich gemacht werden.
Ihren verletzten Stolz nehme ich auf meine Kappe.
Mehr aber auch nicht.*

Ohne Schweiß kein Preis

Als Junge, so mit zwölf oder dreizehn,
bin ich einem Gewichtheberverein beigetreten.
Ich hatte zweimal in der Woche Training,
aber auch nach einem halben Jahr
zeigte sich noch kein Ergebnis dieser Plackerei.
Meine Armmuskeln hatten sich
nur minimal verändert,
und meine spindeldürren Beine blieben spindeldürr.
Ich gab mir wirklich alle Mühe,
ich habe sogar tagelang nur Eier gegessen,
bis ich Blähungen davon bekam.
Aber es war alles zwecklos,
ich hatte mir anscheinend
die falsche Sportart ausgesucht.
Dem Trainer blieben meine erfolglosen Versuche,
ein zweiter Arnold Schwarzenegger zu werden,
natürlich nicht verborgen.
Eines Tages nahm er mich beiseite und schlug vor,
ich solle es doch lieber mit Fußball versuchen,
oder mit Tischtennis.
Fürs Gewichte stemmen
sei ich ganz einfach nicht der richtige Typ,
rein physisch, meinte er.
Ich willigte in seinen Vorschlag ein,
unter der Bedingung,
wenigstens die Vereinsmeisterschaften
noch mitmachen zu dürfen.
Der Trainer gab sein OK
und in meiner Gewichtsklasse

*bin ich schließlich Elfter
von zwölf Teilnehmern geworden.*
Und das auch nur,
weil der Letzte keinen gültigen Versuch
zu Stande gebracht hatte,
aber das war letztendlich nicht mein Problem.
Ich hatte ein Stückchen Boden gutgemacht,
und die Urkunde von damals habe ich noch heute.

Meine Güte

*Sie hat bereits den siebten Drink, und ich weiß,
es ist jetzt nur mehr eine Frage der Zeit
bis sie wieder ausfallend wird.
Es war mir schon klar,
auf was ich mich einlassen würde,
als sie anrief und fragte,
ob ich nicht wieder einmal mit ihr ausgehen wolle.
Sie versprach mir auch, höchstens drei Drinks,
über den Abend verteilt, zu nehmen.
Dass dies ein leeres Versprechen bleiben würde,
wusste ich von vornherein.
Warum ich aber jetzt hier mit ihr sitze
und nur darauf warte,
dass sie mit ihrer Szene anfängt,
kann ich mir nicht erklären.
Einige Leute halten mich für zu gutmütig.
Nach dem augenblicklichen Stand der Dinge
muss ich ihnen wohl Recht geben.*

Glück (?)

Der Eisschrank ist nie leer
und die Wohnung niemals
dunkel und kalt.
Alle Rechnungen sind bezahlt.
Das Auto ist noch keine zwei Jahre alt.
Dank regelmäßiger Pflege
hat es an Wert kaum verloren.
Urlaub zweimal im Jahr:
im Sommer ans Meer,
in die Berge im Winter.
Die Kinder
gehen auf die höhere Schule,
und deren Mutter
kann sich sehen lassen –
immer noch.
Die Garantien fürs Glücklichsein
sind im Überfluss vorhanden.
Wenn einer sagt,
es müsse da noch etwas anderes geben,
glaubt er ihm nicht.

Nüchtern betrachtet

Angela hat es gerne,
wenn ich an ihren Zehen nuckle.
Sie hat hübsche Füße und ganz niedliche Zehen.
Ihr gefällt es, und ich mache es gerne.
Auch weil ich weiß,
dass in aller Regel
ein aufregender Geschlechtsakt folgt.
Wenn Angela und ich miteinander schlafen,
spricht sie von einem „Geschlechtsakt",
was es, nüchtern betrachtet, ja auch ist.
Nur habe ich vor Angela
meist etwas derbere Ausdrücke dafür benutzt.
Aber sie hört es nicht gerne,
wenn ich vom Ficken oder Bumsen oder Blasen rede.
Also habe ich mir auch
diese sachliche Ausdrucksweise angewöhnt.
Mein Schwanz ist also ein Penis,
ihre Möse eine Vagina
und ihre Titten sind Brüste.
Ich habe absolut kein Problem damit,
die Dinge bei diesen Namen zu nennen.
Und fürs Ordinäre bleibt mir immer noch
mein Freund Heiner,
dieses Schwein.

No sports

An Melitta erstaunt mich mit am meisten,
dass sie sogar nach einer wilden Nacht
am Morgen noch ausgesprochen frisch aussieht.
Sie geht meistens vor mir ins Bad,
und sie kommt raus wie aus dem Ei gepellt.
Keine zehn Minuten braucht sie dafür.
Ich dagegen habe damit zu kämpfen,
wenigstens bis Mittag
einen einigermaßen fitten Eindruck
zu Stande zu bringen.
Schuld daran hat weniger der Alkohol,
der in solchen Nächten
oft in lebensbedrohlichen Mengen fließt,
vielmehr die unermüdliche Rumturnerei mit Melitta.
Sie hat eine Bombenkondition im Bett,
und ich bin gezwungen,
bis an meine Leistungsgrenzen zu gehen,
um einmal im Sportlerjargon zu sprechen.
Bei Melitta und mir ist Sex sicher kein Sport,
wenn aber dafür Preise vergeben würden –
wir wären garantiert in den Medaillenrängen.

Für meinen Vater

Soweit ich zurückdenken kann,
wurde ich mit guten Ratschlägen
geradezu überhäuft.
Alle, die mich gekannt haben,
gaben mir irgendwelche Ratschläge mit
für mein Leben.
Von all denen war mein Vater
noch der Bescheidenste.
Er riet mir nur,
ich solle immer bloß das machen,
was ich vor mir selbst verantworten könne.
Und vor Frauen mit großen Füßen
solle ich mich in Acht nehmen.
Mein Vater war ein pragmatischer Mann
und mit seinen Tipps
bin ich bis heute recht gut gefahren.
In letzter Zeit geht mir ab und zu durch den Kopf,
was ich einmal meinen Kindern
mit auf den Weg geben könnte.
Jedoch an das, was mein Vater mir riet,
reicht nichts heran.

Violetta

*In klaren, mondlosen Nächten,
wie sie jetzt, Ende April,
wieder häufiger vorkommen,
denke ich oft an Violetta.
Und ganz besonders an die eine Nacht,
in der wir versucht haben,
die Sterne zu zählen.
Wir saßen in ihrem alten VW,
bei dem wir das Stoffdach zurückgerollt hatten.
Die Luft war zwar eisig,
aber wir hatten eine Flasche
guten Portwein dabei,
und der ließ es uns nicht kalt werden.
Es war abgemacht,
nur das Stück Himmel nach Sternen abzuzählen,
das wir durch das offene Dach sehen konnten.
Ich glaube, wir haben mindestens
fünfmal nachgezählt,
aber wir kamen nie zum gleichen Resultat.
Es gab da ein paar Sterne,
die mal an der einen Stelle,
mal an einer anderen zu sehen waren.
So konnten wir natürlich
zu keinem einheitlichen Ergebnis kommen.
Violetta hat gesagt,
das wären unsere Schicksalssterne.
Und so lange die am Himmel ihr Unwesen trieben,
bestünde auch für uns keinerlei Gefahr.
Ich habe ihr das geglaubt,*

denn sie wusste gut Bescheid,
was so, ich nenne es mal übersinnliche Dinge,
anbelangt.
Sie hat mir auch ihre Theorie
von einem Leben nach dem Tod
plausibel erklären können.
Sie war so überzeugend,
dass ich ihr abgenommen habe,
dass es nach dem Tod weitergehe,
und dass es in diesem zweiten Leben
um einiges geiler abgehen würde
als im hier und jetzt.
Sie war eine wirklich außergewöhnliche Frau.
Leider hat nichts sie davor bewahren können,
dass sich ihr theoretisches Wissen
so schnell in der Praxis beweisen konnte.
Es ist jetzt ungefähr sechs Monate her.
Violetta war mit ihrem alten VW
auf dem Weg zu mir, und die Stelle,
an der das Unglück passierte,
ist eigentlich völlig untypisch für einen Autounfall.
Aber trotzdem geschah es.
Aus ungeklärter Ursache,
die wohl auch für immer ungeklärt bleiben wird,
kam sie von der Straße ab,
überschlug sich einige Male und der VW fing Feuer.
Man hat feststellen können,
dass sie nicht sofort tot war, sondern eingeklemmt
bei lebendigem Leibe verbrannte.
Als ich von dem Unglück erfahren habe,
habe ich seit ewig langer Zeit wieder geweint.

*Violetta,
wenn du mir jetzt von irgendwo da oben
über die Schulter guckst:
Lies den letzten Satz bitte noch einmal.*

Mein Glück

Wir haben eine fantastische Nummer hinter uns,
und jetzt liegen wir Rücken an Rücken
in ihrem schmalen Bett.
Sie ist schon eingeschlafen
und schnarcht leise.
Ihr nackter Po drückt an meinen
und sie lässt einen kleinen Furz fahren.
Die warme Luft kitzelt meinen haarigen Hintern.
Gleichzeitig verlässt eine Luftblase meinen Darm
und unsere Gase vermengen sich
zu unserer ganz persönlichen Note.
Dieser Geruch steigt in meine Nase,
und unter anderen Umständen
würde ich wohl von Gestank sprechen.
Aber hier und jetzt
sauge ich meine Lungen voll damit.
Es ist ausgeschlossen,
dass im Augenblick
jemand glücklicher ist als ich.

Nachruf auf einen Freund

An seinem Sarg hatten sie nicht gespart.
Er war aus rotem Holz mit Messingbeschlägen
und sechs Tragegriffen.
Hatte bestimmt eine Stange Geld gekostet.
Ich habe ihn lange genug gekannt,
um zu wissen,
dass er keinen Tag in seinem Leben
mehr als hundertdreißig Pfund gewogen hatte.
Die vier Männer, die die Kiste trugen,
hatten deshalb einen leichten Job.
Der Pfarrer nuschelte noch ein paar letzte Worte,
ich stand weiter hinten
und konnte ihn nicht verstehen,
aber es war sowieso immer die gleiche Litanei.
Dann wurde der Sarg in das Grab abgelassen.
Es hätte mich nicht überrascht,
wenn dabei etwas schief gegangen und
z.B. ein Strick gerissen oder
der Deckel aufgesprungen wäre.
Es hätte gut zu ihm gepasst.
(Wer ihn gekannt hat, weiß, was ich meine.)
Aber es passierte nichts dergleichen,
alles verlief reibungslos.
Von den wenigen,
die zu seinem Begräbnis gekommen waren,
warf jeder noch eine Schaufel Erde
in das offene Grab, ich natürlich auch,
dann löste sich die Trauergemeinde
sang- und klanglos wieder auf.

*Ich ging dorthin zurück,
woher ich gekommen war und versuchte dabei,
an den Tod zu denken,
was mir auf Anhieb gar nicht gelang.*

Ein Prachtstück

*Ich weiß nicht mehr,
wie wir darauf gekommen sind,
jedenfalls war es auf einmal das Thema.
Und mit Röntgenaugen hätte ich ihre Tätowierung
vielleicht gleich gesehen.
Aber da ich keine habe,
musste ich ja ins offene Messer laufen.
Sie hatte keine Rose, keinen Schmetterling
oder dergleichen eingestochen:
Ihren Bauch zierte
ein erigierter Männerschwanz.
Sie klärte mich auf,
dass dies ihr Maßstab sei
und dass sie es darunter nicht mache.
Wir gingen uns von nun an
nicht mehr aus dem Weg,
und als sie mich fragte,
was ich in der Hose habe,
gab ich ihr meine Standardantwort:
Partygröße.
Das machte sie neugierig,
und bei ihr daheim musste ich mich
dem Vergleich mit der Latte
auf ihrem Bauch stellen.
Meine Pracht war um einige Zentimeter zu kurz,
und sie hat ernsthaft überlegt,
ob ich nicht sofort wieder verschwinden solle.
Aber sie ließ 13 gerade sein
und wir hatten auch so unseren Spaß.*

Eine unabdingbare Tatsache

Sie ist noch keine Woche bei mir eingezogen,
aber ich erkenne meine Wohnung schon nicht mehr.
Angefangen bei Bildern,
die nicht mehr an ihrem Platz hängen,
über die völlige Neuordnung in der Küche
bis zur sterilen Sauberkeit im Badezimmer
ist nichts mehr so wie vorher.
Ich bin nicht gegen Veränderungen, sicher nicht.
Aber ein klein wenig hänge ich doch
an gewissen Dingen.
Ein Paar Schuhe,
die gut und gerne noch ein,
zwei Jahre gehalten hätten,
hat sie z.B. einfach in den Müll geworfen.
Und dass ich sie jetzt jedes Mal fragen muss,
wo ein bestimmtes Hemd
oder ein frisches Handtuch zu finden ist,
ist nicht gerade das,
was ich mir von ihrem Einzug versprochen habe.
Ihre Warnung,
ich würde mir ganz schön was aufhalsen,
wenn sie zu mir zieht,
habe ich damals als Blödsinn abgetan.
Heute weiß ich,
dass sie es ehrlich meinte.
An den bestehenden Tatsachen
ändert das aber auch nichts mehr.

Die Weisheit alter Männer

Im Januar
ist der Mond blau,
und die wirklich guten Boxer
stehen bei acht wieder auf.
Katzen
sind treuer als Frauen,
und Gott
ist lange schon tot.
Früher oder später
wird der Himmel einstürzen,
und blaue Augen
haben auch nicht mehr Glück
als grüne.
Ein alter Mann
hat mir das einmal erzählt,
und bis auf das
mit dem Mond
waren wir einer Meinung.
Wahrscheinlich
hatte er aber auch damit Recht.

Smalltalk

Ich kenne sie schon seit Jahren,
aber es ist nie was gelaufen mit uns beiden.
Wir gehen alle heilige Zeit mal zusammen weg,
auch tanzen,
und wir haben immer sehr interessante Gespräche.
Sie erzählt mir immer von ihren Männergeschichten.
Bis ins kleinste Detail.
Ich frage sie nie danach,
sie fängt ganz von alleine damit an.
Es ist ganz offensichtlich ihr Lieblingsthema.
Mich würde es bestimmt stören,
wenn meine Bettpartnerin
anderen Männern von meinen
Liebhaberqualitäten erzählen würde.
Ganz unabhängig davon,
wie diese Qualitäten auch sind!
Ich habe immer gedacht,
solche Details würden sich Frauen
nur untereinander erzählen.
Ihr ist es aber anscheinend egal,
wem sie sich mitteilt.
Ich weiß jetzt also,
dass ihr derzeitiger Kerl sich weigert,
sich untenrum zu rasieren.
Oder dass ein Typ namens Bernd
so gut wie nie selbst gekommen ist.
Aber sie hatte immer ihren Spaß mit ihm.
Sie erzählt einfach so drauf los.
Von mir will sie gar nicht wissen,

wie meine Frauen im Bett so sind.
Viel gibt's da auch nicht zu erzählen,
ich lebe die meiste Zeit allein.
Gewollt oder ungewollt –
ich kann es gar nicht sagen.
Hin und wieder versuche ich,
mir Details zu merken,
die bei Frauen (zumindest bei ihr!)
ganz gut ankommen.
Aber das sind einfach zu viele Einzelheiten,
die da auf mich einprasseln.
Nächstes Mal mach ich mir einfach Notizen.
Wer weiß,
vielleicht habe ich ja doch mal Verwendung dafür.

Täter – Opfer

Die Nacht hat Fenster
und durch eines bist du eingestiegen
wie ein Dieb.
Im Schutz der Dunkelheit
machst du dich über mich her.
Ich lasse dich gewähren,
weil ich bei dir gerne
das Opfer bin.

Feierabend

*Ich kam von meinem blöden Job nach Hause
und spürte sofort, dass miese Stimmung war.
Eigentlich ist es nicht wirklich ein blöder Job,
jeder muss zusehen,
dass er am Monatsende etwas auf dem Konto hat.
Außerdem ist es mir ziemlich egal,
womit ich mein Geld verdiene,
solange ich in Ruhe gelassen werde.
Und bei meiner derzeitigen Arbeit
ist das absolut der Fall.
Meine eh nur minimal vorhandenen Karriereträume
habe ich schon vor zwanzig Jahren aufgegeben.
Es war den ganzen Tag über
nichts Übles passiert, und ich würde sagen,
ich war gut gelaunt.
Ich stellte meine Schuhe ordentlich
ins Regal und meine Jacke
hängte ich über einen Bügel.
Ich ging in die Küche,
wo sie am Tisch saß und in einem Buch las.
Ich konnte kein vorbereitetes Abendessen
entdecken,
aber ich war auch nicht allzu hungrig.
„Guten Abend," begrüßte ich sie
und ging an den Kühlschrank,
um mir etwas zum Trinken zu holen.
Sie und ich sind schon seit Jahren zusammen,
und das Ritual,
Begrüßungs- und Abschiedskuss,*

*haben wir schon ziemlich lange eingestellt.
Schade eigentlich, aber das ist ein anderes Thema.
Wie gesagt, ich wollte mir etwas zum Trinken holen,
aber der Kühlschrank war
bis auf ein paar Frischhalteboxen leer.
Kein Bier.
„Haben wir noch Bier im Haus?" fragte ich,
aber sie hatte mich anscheinend
noch gar nicht wahrgenommen.
Meine gute Laune hielt noch an,
allerdings fand ich die ganze Situation
irgendwie merkwürdig.
Ich kam nach Hause,
ich hatte die Tür nicht zugeknallt,
was auch hin und wieder vorkommt,
und ich hatte mich auch sonst
ganz anständig benommen.
Vielleicht hatte sie mich ja tatsächlich
noch gar nicht bemerkt,
sie war sehr in ihr Buch vertieft.
Also fragte ich einfach nochmal:
„Haben wir noch Bier?"
Sie reagierte wieder nicht,
bis sie schließlich sagte:
„Hier steht, dass jeder zweite Mann
eine Affäre mit einer Arbeitskollegin hat.
Jeder zweite."
Endlich sah sie von ihrem Buch auf und mich an.
„Wer ist sie?" wollte sie wissen.
Sie erwischte mich absolut unvorbereitet
auf solch eine Frage,*

und meine gute Laune war sofort im Keller.
„Ich habe nichts mit einer Arbeitskollegin.
Ich hatte nichts und ich habe es nicht vor",
rechtfertigte ich mich,
obwohl es dafür überhaupt keinen Grund gab.
„Fünfzig Prozent aller Männer bumsen
mit jemandem von ihrer Arbeit.
Warum solltest ausgerechnet du
eine Ausnahme sein?"
„Weil ich ganz einfach
zu den anderen fünfzig Prozent gehöre.
Deshalb.
Außerdem, was ist das überhaupt für ein Blödsinn,
den du da liest?"
„Das ist genau die richtige Reaktion.
Dann wäre es natürlich Blödsinn,
wenn man dich mit der Wahrheit konfrontiert."
Ich griff nach ihrem Buch,
weil ich einfach wissen wollte,
auf welchen Mist sie reingefallen war.
„Finger weg," sagte sie bissig
und hielt das Buch fest umklammert.
„Ich wiederhole: ich habe nichts, ich hatte nichts
und ich werde nichts
mit einer Arbeitskollegin haben.
Punkt und aus."
Ich sagte absolut die Wahrheit,
und ich war mir auch für die Zukunft sicher.
In der Firma, in der ich arbeite,
gibt es nur zwei Frauen.
Und ich habe keinerlei Interesse an ihnen.

*Sie las weiter in ihrem Buch
und suchte wohl nach zusätzlichen Argumenten
für ihre abenteuerliche Theorie.
Ich kramte noch mal im Kühlschrank,
fand schließlich doch etwas Essbares,
und zum Trinken nahm ich mir
ein Glas Wasser aus der Leitung.
Ich verschwand im Wohnzimmer,
knipste den Fernseher an
und zappte mich durch die Kanäle.
Es war nichts dabei, was mich interessierte.
Außerdem war ich schon etwas müde,
und dieser Abend war ein guter Abend,
um zeitig schlafen zu gehen.
Bis morgen würde dieser Spuk
hoffentlich vorüber sein.
Gute Nacht schon mal.*

Helden ihrer Zeit

*Vor drei oder vier Wochen
habe ich mal wieder einen
der alten Filme gesehen.
Mit Bogart.
Nein, nicht Casablanca,
einen anderen,
aber den Titel habe ich vergessen.
Der ist auch gar nicht wichtig.
Jedenfalls war er wieder
der smarte, coole Typ,
und er hatte keine große Mühe,
mich zum wiederholten Mal
in seinen Bann zu ziehen.
Als ich aus dem Kino kam,
steckte ich mir eine Zigarette an
und rauchte sie in der hohlen Hand.
Es tat mir verdammt leid,
dass ich keinen Hut dabei hatte,
den ich tief ins Gesicht
hätte ziehen können.
Den Kragen meiner Jacke
konnte ich aber wenigstens hochstellen,
und das tat ich auch.
Mir fiel auf,
dass einige der Jungs,
die mit mir aus dem Kino kamen,
ihre Kippen lässig im Mundwinkel hängen hatten.
Ich kannte keinen von ihnen,
aber es war ein gutes Gefühl zu wissen,*

*dass wir alle der Faszination
eines Mannes erlegen waren.
So ähnlich muss es in den dreißiger Jahren
des letzten Jahrhunderts
wohl auch gewesen sein,
fiel mir dabei ein.
Und dass wir denen von damals
eigentlich keinen Vorwurf machen können.*

Danksagung

Ich habe seit über achtzehn Jahren
keinen Tropfen Alkohol getrunken
und seit sechzig Monaten
keine Zigarette mehr geraucht.
Ich bin durchtrainiert in Körper und Geist,
und als Liebhaber
habe ich keinen schlechten Ruf.
Die Fünftausend laufe ich locker
unter zwanzig Minuten.
Ich höre gerne klassische Musik und
ich kenne den Unterschied
zwischen Jugendstil und Art Deco.
Meine Frauen sind immer schön,
meistens intelligent
und im Bett so,
wie Mann es gerne hat.
Wenn ich jetzt einen Schlussstrich
ziehen müsste,
könnte ich mich wirklich nicht beklagen.
Meine Habenseite ist gut gefüllt.
Dankeschön,
wer auch immer sich angesprochen fühlt.

Kinder Kinder

Ich sehne mich nicht danach zurück,
noch einmal Kind zu sein.
Ich will nie wieder fünf oder neun
oder dreizehn sein.
Meine Kindheit war nicht besonders toll
und nicht besonders mies.
Ganz normal, würde ich mal meinen,
wenn es eben normal ist,
dass der Vater zweimal im Monat
eine Tracht Prügel mit nach Hause bringt.
Die wurde zu gleichen Teilen
auf meine Schwester und mich verteilt.
In den frühen sechziger Jahren
war antiautoritäre Erziehung nicht mal
in akademischen Elternhäusern bekannt,
geschweige denn bei uns.
Mein Vater hätte uns aber auch verprügelt,
wenn er davon gewusst hätte.
Unter Garantie.
Daraus will ich ihm im Nachhinein
auch überhaupt keinen Strick drehen,
damals mussten Väter wohl so sein.
Inzwischen habe ich selbst Kinder,
die ich über alles liebe
und die ich noch niemals geschlagen habe.
Natürlich habe ich das auch nicht vor,
aber meine Hand
lege ich dafür nicht ins Feuer.
Ich werde nicht nur äußerlich

*meinem Vater immer ähnlicher,
und deshalb schließe ich
von vornherein gar nichts mehr aus.*

Keine Ursache

Manchmal ist es schon mehr als seltsam,
welcher Topf oft welchen Deckel findet.
Nimm z.B. Maria und mich.
Schon nach ein paar Wochen hatte sich gezeigt,
dass wir einfach nicht zueinander passen.
Wir hatten so gut wie gar nichts gemeinsam.
Sie mochte meine Musik nicht,
nicht eine einzige CD,
von den Schallplatten ganz zu schweigen!
Und zu den Büchern, die sie las,
hat mir nicht nur intellektuell
der Zugang gefehlt.
Zugegeben,
im Bett hat es einigermaßen funktioniert.
Wenigstens am Anfang, nach und nach aber
wurde auch das zur Routine.
Doch weitere Gemeinsamkeiten –
leider Fehlanzeige.
Dass die Geschichte mit uns beiden
inzwischen vorbei ist,
überrascht wohl keinen.
Es gab keinen Streit oder sonst was,
schließlich sind wir ja erwachsen!
Wir haben einfach nur festgestellt,
und zwar zum ersten Mal gemeinsam,
dass wir so gar nicht
in das Leben des jeweils anderen passen.
Schon gar nicht
außerhalb der Saison.

Ihr Andenken

„Jetzt lächle aber doch mal."
„Nein, das ist mir wirklich zu blöd.
Drück endlich drauf,
damit wir hier wieder wegkommen,
langsam wird es ungemütlich.
Meine Füße sind kalt und außerdem
brauche ich einen Drink."
„Wir sind über hundert Kilometer gefahren,
nur um ein vernünftiges Motiv zu finden,
und du machst ein böses Gesicht.
Sag doch einfach „Cheeese", bitte."
„Ich will kein Foto, auf dem ich lächle.
Knips endlich und lass uns zurückfahren."
Klick.
„Wenn es jetzt nichts geworden ist,
hast du selbst Schuld.
Dafür hätten wir nicht so weit zu fahren brauchen.
Das wäre bei uns hinterm Haus
auch möglich gewesen."
„Ich war ja von Anfang an dagegen.
Wären wir zum Bahnhof gegangen
und hätten dort ein paar Quickfotos gemacht,
hättest du auch deine Erinnerung gehabt."
Ein Foto wäre eigentlich nicht nötig,
sie wird mich auch so nicht vergessen.
Aber sie bestand darauf.
Also, was soll's,
tu ich ihr eben diesen letzten Gefallen.

Seine Qual (für P.K.)

*Seine Zeit vertreibt er sich
mit Strichmännchen-Zeichnen,
gelegentlichem Rumspielen an sich selbst,
und natürlich mit Essen und Trinken.
Er arbeitet nicht,
weil er seine Arbeitskraft für unbezahlbar hält.
Das Geld,
das er zum Leben braucht,
bekommt er teils von seinem Bruder,
teils von Vater Staat.
Freunde hat er schon lange keine mehr.
Wer will auch schon etwas
mit einem wie ihm zu tun haben?
Aber das macht ihm nichts aus.
Eigentlich vegetiert er nur noch so vor sich hin,
doch er findet nichts Übles daran.
Nur manchmal, ganz sporadisch,
quälen ihn Zweifel:
Ist er überhaupt noch – ja oder nein?*

Der Parasit

Eigentlich hätte sie ja etwas Besseres verdient.
Aber wie das Leben manchmal so spielt –
bekommen hat sie mich.
Und anfangs ging auch alles gut.
Ihr macht es nichts aus,
dass ich nicht arbeiten gehen will,
und ich habe nichts dagegen,
wenn sie mal über Nacht wegbleibt.
Sollen andere auch ihren Spaß mit ihr haben.
In die Haare kriegen wir uns nur,
wenn es um das liebe Geld geht.
Ich habe keine regelmäßigen Einkünfte
und bin deshalb finanziell auf sie angewiesen.
Durch einen Unfall, den sie vor drei Jahren hatte,
bekommt sie jeden Ersten
eine Art Rente von ihrer Versicherung.
Ein Besoffener hatte sie mit dem Auto angefahren
und ziemlich übel zugerichtet.
Ihr linkes Bein war ein paar Mal gebrochen,
und seitdem zieht sie es beim Gehen etwas nach.
Große Sprünge sind mit dem Geld zwar nicht drin,
aber für ein Leben ohne Arbeit
reicht es allemal.
Wenigstens hatte es ihr gereicht,
bis ich mich hier eingenistet habe.
Sie macht mir zwar keine direkten Vorwürfe,
aber in letzter Zeit häuft es sich,
dass sie, so ganz nebenbei,
mal eine Bemerkung fallen lässt.

*Ob ich das ewig so weiterführen wolle,
so einfach auf der faulen Haut zu liegen.
Ich verspreche ihr dann immer,
mir nächste Woche einen Job zu suchen.
Das vergangene Wochenende war ziemlich übel.
Das Wetter hatte außer Regen und Wind
in Orkanstärke nichts zu bieten.
Ihr Auto wollte mal wieder nicht,
und deshalb waren wir drei Tage
nicht aus dem Haus gekommen.
Am Montag hatten wir dann
alle Vorräte aufgebraucht.
Ich war schon seit Wochen
nicht mehr unter Menschen gewesen
und bot ihr an, einkaufen zu gehen.
Sie stellte mir eine Liste zusammen
und gab mir reichlich Geld.
Das hätte mich schon stutzig machen müssen,
denn sie gab mir genug Geld,
um den halben Supermarkt aufkaufen zu können.
Aber wenn es einem gut geht,
will man gar nicht an Schwierigkeiten denken.
Ich ging also los und irgendwie
war es ein komisches Gefühl,
wieder unter Menschen zu sein.
Aber es machte Spaß!
Im Supermarkt schlenderte ich
durch die Regalreihen wie ein kleiner Junge.
Ich bepackte meinen Einkaufswagen
mit den unmöglichsten Sachen.
Das Mädchen an der Kasse*

musterte mich argwöhnisch,
als ich das Förderband überwiegend mit
Süßigkeiten und Cola vollstellte.
Beladen mit zwei Einkaufstüten Junkfood
und nur einer mit vernünftigen Lebensmitteln
machte ich mich auf den Heimweg.
Ich ließ mir Zeit,
blieb beinahe vor jedem Schaufenster stehen
und betrachtete die Auslagen.
Als ich endlich in unsere Straße einbog,
dämmerte es bereits.
Ich lief die Stufen bis zu ihrer Wohnung hoch,
und oben angekommen,
traf mich beinahe der Schlag.
Mein Koffer und eine Kiste mit meinen Büchern
standen vor ihrer Wohnungstür.
Das war es also, deshalb auch das viele Geld.
In der Tür klemmte ein Zettel:
Bitte geh', ich kann nicht mehr.
Da stand ich nun.
Von der Cola und den Süßigkeiten
konnte ich wohl einige Tage leben.
Und Geld für ein billiges Zimmer
hatte ich auch übrig.
Ich suchte nach einem Grund,
um ihr böse zu sein.
Doch ich konnte keinen finden,
ganz im Gegenteil.

Mutterglück

Sie ist jetzt Mutter geworden.
Nein, ich bin nicht der Vater,
ich bin nur ein flüchtiger Bekannter von ihr.
Wir hatten uns eigentlich
aus den Augen verloren über die Jahre.
Aber ein Kind zu kriegen
ist allemal Anlass genug,
sich wieder in Erinnerung zu bringen.
Wohl aus diesem Grund
habe ich eine Karte bekommen von ihr.
Ein Foto von Mutter und Kind
mit Angabe der Details:
Größe, Gewicht, Kopfumfang, etc.
Alles sehr interessant,
wenn man Interesse dafür hat.
Aber diese kleinen schrumpeligen Menschen
sind wohl nur für ihre Eltern schön anzusehen.
Ich kann nichts Schönes dran entdecken.
Auch nicht an ihr.
Früher war sie wohl so was wie eine kleine Beauty,
und ich weiß nicht, ob nur diese Geburt
daran etwas verändert hat.
Vielleicht.
Im Grunde ist es mir aber egal.
In welcher Situation muss sie überhaupt sein,
dass sie sogar mir eine Karte schickt?
Ich kann doch nicht wirklich
wichtig gewesen sein in ihrem Leben.
Ich bin eigentlich davon ausgegangen,

dass sie sogar meinen Namen vergessen hat.
Anscheinend aber nicht.
Ich werde die Karte einfach wegwerfen
und darauf hoffen,
dass sie nicht mit einer Antwort von mir rechnet.
Ich betrachte mich hier einfach als Karteileiche,
oder als Versehen im Verteiler.
Soweit keine Ursache,
wenn es nur nicht mehr vorkommt.

Sie

Sie ist der Mittelpunkt
der Welt für mich,
und immer,
wenn ich mit ihr schlafe,
habe ich eine kleine Angst,
mir meinen Schwanz
an heißem Gestein
zu verbrennen.

Fragen an mich

Seine Anzüge sind aus London.
Maßgeschneidert selbstverständlich.
Erfolgreich steht er seinen Mann
in italienischen Schuhen.
Er liegt immer gut in der Zeit
dank schweizerischer Uhrmacherkunst.
Ja, weit hat er es gebracht, das gebe ich zu.
Ohne Neid oder Missgunst, ehrlich.
Seine Frau ist intelligent,
sieht gut aus, kann kochen
und sicher noch mehr.
Vielleicht beneide ich ihn doch ein bisschen,
denn wenn ich bedenke,
dass wir beide die gleiche Ausgangsposition hatten,
schneide ich ziemlich schlecht ab.
War es nur Glück bei ihm?
Oder lag es auch an mir selbst?
Das sind alles Fragen, die ich mir manchmal stelle,
ohne dass mich die Antwort
wirklich interessieren würde.

Erfahrungswerte

Es ist alles nur eine Sache der Gewöhnung.
Als zum Beispiel die monatlichen Schecks
meines Vaters ausblieben
und ich wohl oder übel arbeiten gehen musste,
um nicht zu verhungern,
habe ich mich daran gewöhnt.
Auch wenn es anfangs knüppelhart war
nach Jahren des Nichtstuns.
Oder als mich die Frau verlassen hat,
die ich heute noch liebe.
Ihr Weggang hat geschmerzt wie der Tod,
aber nach ein paar Wochen war ich darüber hinweg
und ich lebe immer noch allein.
Ich habe mich daran gewöhnt.
Anscheinend liegt es in der Natur des Menschen,
dass die Dinge so schlimm
gar nicht kommen können,
als dass man sich nicht an sie gewöhnen könnte.
Um diese Erfahrung bin ich mittlerweile reicher.
Wer aber glaubt,
damit ließe sich so einfach leben,
hat nicht nur von Tuten und Blasen
keine Ahnung.

Vernunft geht vor

Henry und Jule haben sich getrennt.
Wieder einmal.
Zum vierten oder fünften Mal in drei Jahren.
Den Grund diesmal kenne ich nicht,
aber es war garantiert wieder nur eine Kleinigkeit,
wie sonst auch immer.
Dieses Mal hat Henry seine Sachen gepackt
und ist in eine Pension gezogen.
Die ist nur zwei Straßen weiter,
und sie laufen sich beinahe täglich über den Weg.
Diese Zusammentreffen laufen so ab,
dass einer von den beiden die Straßenseite wechselt.
Natürlich ist das lächerlich, das wissen sie auch.
Aber jeder von ihnen ist zu stur,
um den ersten Schritt einer Versöhnung zu gehen.
Ich hoffe sehr,
dass es wieder etwas wird mit den Zweien,
denn ein idealeres Paar kenne ich nicht.
Sie ergänzen sich optimal:
Yin und Yang, Sommer und Winter, uni und bunt.
Und ihre Liebe ist offensichtlich etwas Besonderes.
Aber wie das halt so ist:
Manchmal ist die Liebe wie schlechter Mundgeruch.
Man will sie einfach nicht haben.

Wie es um mich steht (B.C.)

Es hat absolut keinen Sinn,
wenn ich mir vormache, es ginge mir gut.
Die übliche Geschichte:
Zweifel an mir und an der Welt.
In beinahe periodischen Abständen
holt der Blues mich ein.
Ich häng total durch und denk, es wird nicht mehr.
Ich sitz zu Hause und will keinen sehen.
Das Radio läuft und irgendeiner singt,
er wünscht sich einen Raketenwerfer
und dass er dann kein Aufhebens machen werde.

Manche Dinge sind wirklich einfach zu lösen.

Neue Theorien

„Nichts geschieht wirklich,
und die Erde ist eine Scheibe."
Der Typ, der neben mir am Tresen stand
und seine Meinung kundtat,
klang überzeugend.
Und hätte er etwas anderes gesagt –
ich hätte es ihm ohne Weiteres abgenommen.
Aber dieser Spruch war ja wirklich starker Tobak.
Ich fragte ihn, ob er das sicher wisse.
Er schwor mir bei allem,
was ihm heilig ist, dass dem so sei.
„Und was ist mit den Bildern,
die von Raumschiffen aus
gemacht worden sind?", hakte ich nach.
„Darauf ist doch wohl unschwer zu erkennen,
dass die Erde rund ist wie ein Ball."
„Wer im Weltall rumgondeln kann,
für den ist es auch kein Problem,
dir solche Bilder zu präsentieren",
rechtfertigte er seine Theorie.
Mir fiel die zum ersten Mal gehörte Wahrheit ein,
die man meist weniger glaubt
als eine oft gehörte Lüge.
Und demnach konnte,
nur rein theoretisch natürlich,
auch dieser Kerl Recht haben.
Falls das tatsächlich so ist,
kommt da noch ganz schön was auf uns zu.

Erwachsenenbildung

Jetzt macht Belinda auch noch Seidenmalerei.
Einen Töpferkurs,
einen Kurs in indianischer Atemtechnik
für Frauen ihres Alters und ein Survivaltraining
bei Temperaturen von zwanzig Grad unter Null
hat sie bereits hinter sich.
Alles in den letzten vier Monaten absolviert.
Und garantiert hat sie schon Pläne,
in was sie als nächstes
ihre Energie investieren wird.
Belinda ist geschieden, keine Kinder,
noch keine vierzig.
Sie hat einen anständigen Job
und keine finanziellen Probleme.
Ob sie derzeit einen Lover hat, weiß ich nicht.
Wenn sie will, ja,
wenn sie nicht will, eben nein.
Wie sie selbst sagt, ist sie glücklich und zufrieden.
Und ständig unterwegs.
Ich erreiche sie nicht einmal in ihrem Büro.
Bei ihr daheim steht der Anrufbeantworter
auf Dauerbetrieb.
„Hallo Heinz, das ist aber eine Überraschung.
Wie komme ich zu der seltenen Ehre?"
„Seltene Ehre ist gut.
Ich versuche seit drei Wochen vergeblich,
dich zu erreichen.
Aber wie es aussieht stehst du
mit deinem Anrufbeantworter

auf Kriegsfuß."
„Du meinst, ich sollte das Band mal abhören?"
„Keine schlechte Idee.
Du wirst ungefähr fünfzehn Anrufe
von mir draufhaben."
„Aber Heinz, so kenne ich dich ja gar nicht.
Hast du einen kommunikativen Notstand?
Ich kann dir vielleicht helfen,
ich hab doch diesen Kurs mitgemacht:
Lass uns drüber reden –
Konflikte zwischen dir und mir."
„Du und deine Kurse.
Deshalb hab ich doch diesen Notstand,
meinetwegen.
Du bist für keinen Abend zu erreichen.
Ich will ganz einfach mal wieder mit dir ausgehen."
„Ich wusste ja gar nicht, dass du dich noch so
für mich interessierst."
Sie musste beinahe loslachen, als sie das sagte.
„Jederzeit, Heinz, sag mir Ort und Zeit,
und ich werde da sein."
„Morgen Abend, acht Uhr bei Fredo.
Und hinterher ins K."
„Morgen ist Donnerstag, das ist schlecht.
Um sieben trifft sich mein Rhetorikkurs
vom letzten Jahr.
Und ich war doch die,
die immer den Kontakt gehalten hat.
Da muss ich einfach hin."
„Wie ist es mit Freitag, selber Ort, selbe Zeit?"
„Ich hätte zwar Seidenmalerei,

aber das kann ich wohl mal sausen lassen.
Weil du es bist."
"Du bist zu großherzig, Belinda,
ich werde dir auf ewig dankbar sein."
"Das K macht aber um zwei zu, was kommt danach?
Zu dir oder zu mir?"
Belinda war immer schon sehr direkt,
so direkt aber noch nie.
"Welcher Kurs steht am Samstag
auf deinem Programm?"
*"**S**iegfried **E**mil **X**anthippe für Leidenschaftliche,*
aber den Partner muss ich mitbringen."
"Kann ich in den laufenden Kurs einsteigen?"
"Ausnahmsweise", lachte sie.
"Dann bis Freitag."
"Bis Freitag."
Ach Belinda,
Frauen deines Kalibers
kann ich an einer Hand abzählen.
Und dazu brauch ich nicht mal alle Finger!

The American Way

Angesprochen auf seine miserable Verfassung,
physisch und auch psychisch,
antwortet er trotzig,
schuld daran sei einzig und allein,
dass er eine amerikanische Erziehung
genossen habe.
Deshalb, und nur deshalb,
sei es mit ihm den Bach so weit runtergegangen.
In einem Haus aufwachsen zu müssen,
in dem den ganzen Tag
nur Countrymusik aus dem Radio dröhne
und in dem nicht von Mama und Papa die Rede sei,
sondern von Mom and Dad,
sei das Übelste, was man einem Kind antun könne.
Im Gegensatz dazu stellt er meine Erziehung
als beispielhaft hin.
Ich habe keine Ahnung,
wie er zu dieser Einschätzung kommt.
Spontan kann ich ihm auf keinen Fall Recht geben.

Alles beim Alten

Sie kam zielstrebig auf mich zu,
hakte sich bei mir unter
und ich ging mit ihr
in die gleiche Richtung weiter.
Sie erzählte von ihrem verstorbenen Freund
und was das für ein Kerl gewesen sei.
Ich wusste,
dass ich eine schlechte Figur abgeben würde,
wenn ich ihren Worten Glauben schenken durfte.
Aber ich war einverstanden,
hörte ihr weiter zu,
und das Unheil nahm zum x-ten Mal seinen Lauf.

Der Dieb

Die Haustürglocke spielte verrückt,
aber ich hatte nicht die Absicht aufzumachen.
Ich überlegte, wer sich wohl die Mühe machte
und seit fünf Minuten seinen Finger strapazierte.
Die Polizei war es bestimmt nicht,
denn die stünde längst im Zimmer,
gesplittertes Holz hinter sich.
Und eine der Frauen,
die sich hier mal die Ehre gaben,
war es mit Sicherheit auch nicht.
Von denen kommt keine zurück,
das haben sie alle versprochen.
Neugierig wie ich nun mal leider bin,
außerdem ging mir das Geläute auf den Geist,
machte ich schließlich doch auf.
Vor der Tür stand ein junger Mann,
vielleicht zwanzig, so groß wie ich ungefähr,
mit Koteletten, die ihm bis ans Kinn reichten.
Er habe bei mir noch Licht gesehen
und da er sich verlaufen habe,
wolle er nun ein Taxi rufen,
deshalb habe er bei mir geklingelt.
Ich musterte ihn mit einem kurzen Blick,
und er machte einen vernünftigen Eindruck,
also trat ich zur Seite und ließ ihn rein.
Noch dazu wohne ich
in einer ziemlich verlassenen Gegend,
in der man zu Fuß aufgeschmissen ist.
Und zum Gehen schien der junge Mann

nicht gerade geboren zu sein.
Ich zeigte ihm das Telefon und während er wählte
fragte er mich, wie die Straße hier heiße.
Ich sagte es ihm und er gab es
an die Taxizentrale weiter.
In zehn Minuten sei ein Wagen da
und er solle vor dem Haus warten.
Als er zur Tür ging drehte er sich noch einmal um
und sagte, ich solle mich nicht wundern,
wenn morgen die Sonne nicht aufgehen werde.
Er habe sie nämlich gestohlen.
Natürlich hielt ich ihn sofort für verrückt
und da ich weiß,
Verrückte soll man nicht reizen,
antwortete ich ihm, das sei ganz in meinem Sinne.
Ich hörte noch ein Auto kommen,
eine Tür, die zugeschlagen wurde,
dann war es wieder still.
Das alles ist jetzt ungefähr zwanzig Stunden her
und kein Mensch kann sich vorstellen,
was seitdem hier los ist:
der Ausnahmezustand wurde verhängt
und alle sollen so schnell es geht
in die Bunker kommen,
brachten sie übers Radio.
Auf den Straßen herrscht das pure Chaos:
Autos hupen, Kinder schreien, Männer fluchen.
Der Bursche hat doch tatsächlich die Sonne geklaut.
Und er muss es verdamm raffiniert gemacht haben,
denn er hatte nicht mal angesengte Finger.
Das hätte ich sonst sehen müssen.

Law and Order

Ich habe sie nicht nach ihrem Alter gefragt,
aber jede Wette,
sie ist nicht mal halb so alt wie ich.
In ihrer Aufmachung,
dem extrem kurzen Rock
und den hochhackigen Stiefeln,
kommt sie zwar in jede Bar rein,
aber bei einer Kontrolle müsste sie sich
schon etwas Besonderes einfallen lassen.
Aber auch das traue ich ihr ohne Weiteres zu.
In den meisten Ländern dieser Erde
steht immer noch Gefängnis auf das,
was wir gemacht haben.
Gesetze gemacht von Männern,
die das Leben nur vom Hörensagen kennen.

Glücksgriff

Ja, ja, ich kann sie selbst schon nicht mehr hören.
Diese Geschichten von wegen kein Glück mit Frauen,
immer nur Ärger und Stress.
Und das hier ist auch gar keine.
Ganz im Gegenteil.
Hier geht es um Ramona.
Und seit Jahren war ich nicht mehr
so glücklich und zufrieden wie mit ihr.
Wie ich überhaupt zu ihr gekommen bin,
weiß ich so genau nicht mehr.
Spielt auch eigentlich keine Rolle.
Wichtig ist nur, dass sie da ist.
Und dass ich mit ihr
wohl einen Treffer gelandet habe,
muss ich ihr einfach einmal sagen.
„Ramona, alles was mir zu dir einfällt ist:
Du bist ein Vollblutweib."
„Etwas anderes wollte ich auch nie sein",
sagt sie, und keine Antwort ergibt mehr Sinn.
Wahrscheinlich ist das Leben
doch einfach nur schön.

Alt und jung

Der alte Mann war gestürzt.
Und von alleine kam er nicht wieder auf die Beine.
Spindeldürr war er,
ich sah es an seiner Jacke.
Die war ihm locker drei Nummern zu groß.
Ungelogen, es vergingen gut und gerne
zehn Minuten,
bis ihm jemand half.
Sie setzten ihn gegen eine Hauswand
und irgendwer rief nach einem Krankenwagen.
Solltest du dich wundern,
warum ich ihm nicht geholfen habe,
muss ich dir gestehen,
dass ich die ganze Szene von einem Fenster
im dritten Stock im Haus gegenüber
beobachtet habe.
Und überhaupt ist es mit alten Männern
wie mit kleinen Kindern: ich kann sie nicht leiden.
Selbst auf die Gefahr hin,
dass von ihnen wahrscheinlich alles abhängt.
Allerdings ist das mein Problem
und sollte dich nicht weiter kümmern.

Zwei Schuldige

*Manchmal gibt es so Tage,
an denen nehme ich es meiner Mutter übel,
mich geboren zu haben.
Heute ist so einer.
Es fing schon damit an,
dass ich mit einem riesigen Brummschädel
aufgewacht bin,
obwohl ich seit Jahren keinen Tropfen Alkohol
getrunken habe.
Das war das eine.
Das andere,
was mich meine Geburt verfluchen ließ, war,
dass ich auf dem Weg zu meiner Arbeit
die größte Liebe meines Lebens gesehen habe.
Mit einem anderen Mann!
Sofort war der Bienenschwarm
in meinem Kopf vergessen.
Ich spürte nur mehr eine ohnmächtige Wut.
Dass sie jetzt mit einem anderen Kerl rumzieht,
ist zwar meine eigene Schuld,
ich habe falsch gemacht was falsch zu machen war.
Aber es wäre nicht so weit gekommen,
wenn mich meine Mutter
nicht in diese Welt gesetzt hätte.
Andersrum betrachtet hätte ich
natürlich auch niemals
die größte Liebe meines Lebens finden können.
Diese Möglichkeit will ich im Augenblick
aber gar nicht bedenken.*

Keine Reue

Sie sagt von sich selbst,
sie hat nichts ausgelassen in ihrem Leben.
Und bis auf zwei, drei Geschichten
bereue sie auch nichts.
Eine davon war,
dass sie sechs Jahre einem Mann geglaubt hat,
er lasse sich scheiden und würde mit ihr
ein neues Leben beginnen.
Aber der war dann doch zu feige dazu.
Sie hat seine Sachen gepackt,
den Koffer vor die Tür gestellt,
ihn angerufen – er solle seine Sachen holen,
sie lasse sich nicht länger verarschen.
„Stell dir bloß mal vor, ich glaube diesem Kerl
sechs lange Jahre, dass er mich liebt!
So blöd war ich auch nur einmal!"
Seit einem halben Jahr sind wir
mehr oder weniger zusammen,
und sie rückt immer mehr
mit ihrer Vergangenheit heraus.
Dieser Feigling war nur einer von sehr vielen,
und es ist nicht unbedingt das tollste Gefühl,
in dieser langen Reihe von Kerlen
die Nummer vierzig oder fünfzig zu sein.
Einen Vorteil hat ihr Vorleben natürlich auch.
Ihr Erfahrungsschatz im Bett ist beeindruckend,
und ich bin dabei gerne der Nutznießer.
Sollte aber mehr daraus werden,
komme ich noch in ziemliche Schwierigkeiten.

*Ich tauge nicht als einfache Nummer
im mittleren zweistelligen Bereich.
Bis es aber soweit ist
mache ich keine Versprechungen,
die ich nicht hundertprozentig halten kann.
Und meine Sachen behalte ich schön brav bei mir.*

Musik Musik

Zugegeben, Musik ist sicher etwas Schönes,
nur kann ich damit leider nicht viel anfangen.
Völlig egal, ob Schlager, Klassik oder Rock & Roll.
Oder weiß der Teufel.
Meine Ohren reagieren beinahe allergisch
auf Geräusche, die du Musik nennst.
Wenn ich im Auto unterwegs bin
und das Radio ist an,
suche ich immer nach einem Sender
mit Textbeiträgen.
Lieber lasse ich mir von irgendwem
die Ohren vollquatschen über irgendetwas,
als dass ich mir die angebotene Musik reinziehe.
Meistens ist das Radio aber sowieso aus.
Diese Abneigung ist schon ziemlich groß,
aber dann doch nicht groß genug,
um nicht unter besonderen Umständen
auch mal eine Ausnahme zu machen.
So geschehen vor drei Wochen,
als ich meine Angebetete endlich so weit hatte,
dass sie sich zu einem Date mit mir überreden ließ.
Allerdings bestand sie
als ausgewiesene Musikliebhaberin darauf,
die äußerst seltene Gelegenheit wahrzunehmen
und in das Konzert
eines berühmten Chores zu gehen,
das für den Abend angesetzt war.
Ich stand also vor der Entscheidung,
entweder zwei Stunden Chorgesang mit der Aussicht

*auf ein anschließendes Vergnügen zu ertragen,
oder aber niemals einen Fuß
in die Tür zu bekommen bei dieser Frau.
Die Wahl fiel mir dann doch nicht allzu schwer –
der Chor hatte gewonnen.
Ich holte sie abends ab, und für alle Fälle
hatte ich etwas für meine Ohren dabei.
Zu allem Überfluss fand das Konzert
auch noch in einer Kirche statt.
Um ein Haar hätte ich als hartgesottener Atheist
noch vor dem Portal kehrt gemacht
und die Frau und die Musik
in den Wind geschossen.
Aber ich bin mitgegangen, und ich muss gestehen,
selten zuvor habe ich etwas so Schönes erlebt.
Der Chor bestand aus vier Männern
und drei Frauen.
Diese Sieben jagten mir mit jedem Stück
Schauer den Rücken runter und
Tränen in die Augen.
Es war so unbeschreiblich schön,
dass sogar mein Schwanz nicht anders konnte
und steif wurde wie ein Brett.
Energisch drückte er gegen meinen Hosenbund.
Ich hatte keinerlei Skrupel,
dass ich ausgerechnet in einer Kirche
mit einer Latte in der Hose den Gesängen lauschte.
Ich genoss einfach die Musik
und ihre Begleitumstände.
Nach etwa einer viertel Stunde
hielt ich es aber dann doch nicht mehr aus,*

ich war einfach zu geil.
Mit beiden Händen griff ich in meine Hosentaschen
und massierte meinen Schwanz.
Es dauerte keine zwei Minuten und ein Schwall
ergoss sich über meine Leisten,
dass mir beinahe schwarz wurde vor Augen.
Ich biss mir fest auf die Lippen,
um nicht laut aufzuschreien vor Lust.
Im nächsten Augenblick
bildete sich auch schon ein Fleck auf meiner Hose,
der langsam größer wurde.
Und natürlich auch der Geruch!
Ich zog mein Jackett über die verräterische Stelle
und hoffte auf mein Glück,
dass die Frau neben mir nichts bemerken würde.
Das Gefühl, das sich in mir ausbreitete,
war schöner und intensiver
als nach dem besten Sex,
den ich bisher gehabt hatte.
Passend dazu wurde das Repertoire des Chores
ruhiger und irgendwie heimelig.
Es war kaum zu glauben, aber mir kam es so vor,
als wäre ich einem minutiös getimten Ablauf
auf den Leim gegangen.
Am Ende des Konzerts sparte ich nicht mit Applaus.
Anschließend waren wir noch auf einen Drink
in einer Bar um die Ecke.
Die Frau fragte mich,
wie es mir denn nun gefallen hätte.
Ich antwortete wahrheitsgemäß,
ohne allerdings auf gewisse Details einzugehen.

*Der weitere Abend
konnte mit dem Chor nicht ganz mithalten,
aber was nicht ist, kann ja noch werden.*

Straight to hell,
wenn es denn sein muss

Die Frau, die vor mir ging,
hatte genau diesen Gang,
wie ihn nur Frauen haben können.
Jeder ihrer Schritte war exakt.
Hätte man ein Maßband angelegt,
hätte man festgestellt,
dass die einzelnen Schritte höchstens
ein paar Zentimeter voneinander differierten.
Ich kenne einige Schwule,
und die haben alle einen weibischen Gang,
aber an das Original reicht nichts heran.
Ich ging bereits ein gutes Stück
hinter dieser Frau her
und selbst wenn ich gewusst hätte,
es geht geradewegs in die Hölle –
ich wäre ihr nicht von den Fersen gewichen.

Für M. – weil es ausgestanden ist

Ich überlege jetzt manchmal,
ob es nicht vielleicht besser gewesen wäre,
wenn du mir ab und zu
irgendwelche Vorhaltungen gemacht hättest.
Wenn du z.B. versucht hättest,
mich für einen Job zu begeistern.
Oder wenn du Theater gemacht hättest,
weil ich immer im Bett geraucht habe.
Du hättest auch etwas sagen können,
als ich deinem Hund
halb verfaultes Fleisch zu fressen gegeben habe
und du mit dem Tier mitten in der Nacht
zum Tierarzt fahren musstest.
Eigentlich hättest du viel öfter mal
auf den Putz hauen sollen
und mir damit zeigen,
wie der Hase läuft.
Es hätte vielleicht etwas genutzt.
Ganz sicher bringt es aber nichts,
wenn ich mir jetzt
meinen Kopf darüber zerbreche.
Was vorbei ist, ist vorbei.
Vielleicht vergisst du sogar meinen Namen.

***Ein Traum wurde wahr,
oder: Ich liebe mich***

*Liebe auf den ersten Blick
kann man es nicht nennen.
Mit Liebe im herkömmlichen Sinn
hatte es eigentlich überhaupt nichts zu tun.
Vielleicht war es nur Zufall,
oder Bestimmung, eins von beidem.
Auf alle Fälle war es etwas,
wofür ich bis heute
keine vernünftige Erklärung habe.
Es ist jetzt ziemlich genau fünf Wochen her,
als ich auf dem Weg nach Hause war.
Ich hatte einen einigermaßen
lockeren Arbeitstag hinter mir,
und ich war am Überlegen,
was ich noch unternehmen könnte.
Für gewöhnlich bin ich immer zu geschafft
nach meiner Arbeit,
aber an diesem Tag war es anders.
Ich wollte nicht wie sonst immer
nur TV gucken und dann vor der Glotze einschlafen.
Ich hatte mich noch nicht entschieden,
ob ich mal wieder ins Kino gehen sollte
oder zu einem Spiel meiner Lieblingsmannschaft,
das für den Abend angesetzt war,
als mir diese Frau entgegen kam,
die in meinem Kopf eine sofortige
und absolute Leere erzeugte.
Wie versteinert blieb ich stehen.*

*Es war unglaublich,
aber diese Frau sah haargenau aus wie ich.
Sie war genauso groß wie ich,
sie hatte die gleiche Haarfarbe
und ihr Gang war wie meiner.
Mit zwei Schritten Abstand blieb sie vor mir stehen.
Natürlich trug sie andere Kleidung als ich,
aber sonst glichen wir uns wie ein Ei dem anderen.
„Ich denke, das hat etwas zu bedeuten", sagte sie,
und ich wusste sofort,
dass sie Recht hatte.
Aber ich blieb nicht weiter bei ihr stehen.
Verwirrt und ohne ein Wort gesagt zu haben
setzte ich meinen Weg fort.
Keine zehn Meter weiter merkte ich,
dass mir jemand folgte.
Ich blieb stehen und trete mich um.
Es war natürlich mein Ebenbild.
„Es kommt sicher kein zweites Mal vor,
dass sich Zwillinge treffen,
die nicht dieselben Eltern haben.
Und Sie laufen einfach weiter.
Wenn Sie Zeit haben,
können wir doch irgendwo hingehen
und uns unterhalten.
Oder interessiert sie diese Laune der Natur nicht?"
Wirklich unfassbar,
sogar ihre Stimme war
vom Klang her wie meine.
Ich konnte erst mal nichts sagen,
ich starrte sie nur an.*

*Im selben Augenblick
schoss mir mein ältester Traum in den Kopf:
Liebe machen mit sich selbst, aber keine Onanie.
Mit jemandem schlafen und dabei denken,
man bumst sich selbst.
Und die Erfüllung dieses Traumes
schien zum Greifen nah.
„Mich interessiert nur eines.
Aber ich denke,
wir haben nicht dieselben Wünsche",
bekannte ich freimütig.
Ohne ihre Reaktion abzuwarten,
wollte ich weitergehen,
aber sie hielt mich am Arm fest.
„Sie handeln voreilig. Ich glaube sehr wohl,
dass wir die gleichen Vorstellungen haben.
Also, wie steht's?
Gehen wir zu dir oder zu mir?
Ich wohne allerdings etwas außerhalb,
wir müssten den Bus nehmen."
Sie lächelte mich an
und wartete auf meine Antwort.
Ich wusste instinktiv,
jedes Überlegen wäre falsch gewesen,
ganz egal,
wie die Konsequenzen auch aussehen mochten.
„Ich wohne zwei Straßen weiter,
keine zehn Minuten von hier."
„Na dann lass uns mal gehen."
Sie hakte sich bei mir unter
und von da an sprachen wir kein Wort mehr.*

Bei mir zu Hause
kamen wir ohne Umschweife zur Sache.
Und als es mir dann kam, dachte ich
Häuser stürzen ein.
Ein Gefühl, für das Orgasmus als Bezeichnung
kaum ausreicht.
Später, als sie schon lange gegangen war,
ging ich ans Fenster und erwartete,
Ruinen zu sehen.
Das wäre aber wohl doch
zu viel verlangt gewesen.

Alles wie gehabt

Das letzte Mal,
als sie die Tür hinter sich zugeworfen hatte,
habe ich mir geschworen,
das war wirklich das letzte Mal,
dass ich für sie den Trottel gespielt habe.
Felsenfest habe ich mir das vorgenommen.
Jetzt ist sie wieder hier,
und die ganze Szene erinnert mich fatal
an schon mal Erlebtes.
Sie brüllt aus vollem Hals,
nennt mich einen Schweinehund,
und alle greifbaren Gegenstände
wirft sie ohne Rücksicht durchs Zimmer.
Ich sitze wieder da,
versuche ruhig zu bleiben
und möglichst unbeschadet davon zu kommen.
Der Anlass für ihren Tobsuchtsanfall
ist heute zwar ein anderer,
aber sonst ist alles wie gehabt.
Wieder nehme ich mir vor,
das ist definitiv das letzte Mal,
dass ich mir so etwas bieten lasse.
Beschwören werde ich es aber diesmal nicht.
Ich sehe ja, wie weit es mich gebracht hat:
nicht einen Schritt voran.

No changes

Es war wie immer, wieder überwältigend,
wie die ganzen Male bisher.
Erschöpft, aber vollkommen glücklich,
liegen wir nebeneinander.
Ausgepumpt, aber nicht leer.
Gemeinsam rauchen wir eine Zigarette.
Ihr Kopf liegt auf meiner Brust.
Ich muss jetzt nichts sagen,
sie will auch gar nichts hören, das weiß ich.
Manchmal gibt es Momente,
da will man die Zeit anhalten,
den Augenblick zum Bleiben überreden.
Wie jetzt eben.
Unmöglich zwar, aber eine Phantasie wert.
Die Zigarette ist ausgeraucht,
und das ist das Zeichen.
Wir ziehen uns an, sprechen nichts.
Jedes Wort wäre überflüssig.
Wir haben nichts Unrechtes getan,
weshalb sollten wir uns schuldig fühlen?
Es war nur Sex, keine Liebe, ganz klar.
Aber was daran kaputt geht,
hat sowieso keinen Anspruch auf Beständigkeit.
Es wird wieder dazu kommen
und es wird nichts anders werden.
Wer immer nur Veränderungen verlangt,
weiß nicht,
wovon er eigentlich spricht.

Ein ganzer Kerl

„Das Leben ist ewig, die Liebe ist es nicht",
sagte die Frau auf dem Barhocker rechts von mir.
„Ist mir bekannt", sagte ich
und beendete damit unser Gespräch,
das eigentlich keines war.
Oft genug schon waren Unterhaltungen wie diese
der Anfang von etwas,
das in Schwierigkeiten endete.
Und an Schwierigkeiten
hatte ich im Augenblick absolut keinen Bedarf.
Ich trank mein Glas leer und bezahlte.
Der Barkeeper gab mir statt
auf einen Zwanziger,
den ich ihm gegeben hatte,
auf einen Zehner raus.
Als ich ihn auf seinen Irrtum aufmerksam machte,
behauptete er steif und fest,
es sei bloß ein Zehner gewesen.
Ich hätte ihm dafür sofort
in die Fresse schlagen sollen,
aber ich tat es nicht.
Mein Gott,
hatte mein Bier eben das Dreieinhalbfache gekostet,
was soll der Geiz.
Heute war sowieso nicht mein Tag,
und ich bin Manns genug,
das auch einzusehen.
Ja, wenigstens das –
Manns genug.

Ihre Augen

An nichts kann ich mich so gut erinnern
wie an ihre Augen.
Durch eine Laune der Natur sah sie einen
mit dem konträrsten Paar Augen an,
das man je gesehen hat.
Ein Auge war rot
wie das eines Albino-Häschens,
und das andere war schwarz
wie die Nacht ohne Sterne.
Als kleines Mädchen
sei sie deshalb von anderen Kindern
oft gehänselt worden, erzählte sie mir einmal.
Aber je älter sie wurde,
desto stolzer wurde sie auf ihre Augen.
Wenn sie einen ansah
und das rote Auge glänzte stärker
als das schwarze,
hatte man beinahe schon gewonnen.
Sie mochte einen,
und durch nichts konnte sie das deutlicher zeigen,
als durch das Glänzen ihres Auges.
War es aber umgekehrt,
war das schwarze Auge heller als das rote,
nahm man sich besser in Acht.
Das Leuchten des schwarzen Auges
signalisierte nichts Gutes.
So komisch es vielleicht klingen mag,
aber mit ihren Augen
hat sie sich manch überflüssiges Gelaber erspart.

Ende gut – alles gut?

„Ich mag solche Bücher nicht,
die keinen richtigen Schluss haben.
Was soll das: Ich lese 300 Seiten,
und dann bleibt das Ende offen!
Wenn du mir wieder ein Buch zum Lesen gibst,
lese ich das letzte Kapitel als erstes.
Und nur wenn ganz klar ist,
wie die Geschichte ausgeht,
lese ich das ganze Buch."
Das ist so typisch für sie.
Am liebsten wüsste sie immer schon im Voraus,
wie Geschichten enden.
Von unserer wüsste sie das auch gerne,
aber da ist das Ende noch vollkommen offen.
Und das letzte Kapitel
ist noch nicht einmal geschrieben!